DIE FRÜHLINGSFESTE

Übungsbuch

Die Frühlingsfeste – Übungsbuch

Alle Rechte vorbehalten. Durch den Kauf dieses Übungsbuchs darf der Käufer die Übungsblätter nur für den persönlichen Gebrauch und den Unterricht, jedoch nicht für den kommerziellen Weiterverkauf kopieren. Mit Ausnahme der oben genannten Bestimmungen darf dieses Übungsbuch ohne schriftliche Genehmigung des Herausgebers weder ganz noch teilweise in irgendeiner Weise reproduziert werden.

Bible Pathway Adventures® ist eine Marke von BPA Publishing Ltd.

ISBN: 978-1-989961-59-9

Autor: Pip Reid
Kreativdirektor: Curtis Reid
Übersetzer: Daniel Friedrich
Lektorat: Sonja Röder

Für kostenlose Bibelmaterialien und Lehrerpakete mit Malvorlagen, Arbeitsblätter, Quizfragen und mehr besuchen Sie unsere Website unter:

www.biblepathwayadventures.com

◇ Einführung ◇

Freuen Sie sich darauf, Ihren Kindern mit unserem Übungsbuch *Die Frühlingsfeste* den biblischen Glauben zu vermitteln. Dieses Übungsbuch enthält eine Zusammenstellung aus Arbeitsblättern, Quizfragen, Schreibaktivitäten, Rätseln und mehr in unterschiedlichen Schwierigkeitsgraden. Inklusive Bibelstellenangaben zum einfachen Nachschlagen von Bibelversen und einem Lösungsschlüssel für Lehrer. Die perfekte Ressource für Sabbat- und Sonntagsschulunterricht und Homeschooling.

Bible Pathway Adventures hilft Pädagogen, Kindern den biblischen Glauben auf spielerische und kreative Weise zu vermitteln. Wir tun dies mit unseren Übungsbüchern und kostenlosen, druckbaren Rätselseiten - verfügbar auf unserer Website: www.biblepathwayadventures.com

Vielen Dank, dass Sie dieses Übungsbuch erworben haben und unseren Dienst unterstützen. Jedes gekaufte Buch hilft uns, unsere Arbeit fortzusetzen und Familien und Missionen auf der ganzen Welt kostenlose Klassenzimmerpakete und Ressourcen zum Bibelstudium zur Verfügung zu stellen.

Die Suche nach der Wahrheit macht mehr Spaß als die Tradition!

◇◆◇ Inhaltsverzeichnis ◇◆◇

Einführung 3
Die festgesetzten Zeiten 7

Pessach & das Fest der ungesäuerten Brote (Pesach und Chag HaMatzot)
Einführung: Pessach & das Fest der ungesäuerten Brote 8
Bibel-Quiz: Die zehn Plagen 9
Karten-Aktivität: Wo liegt Ägypten? 10
Arbeitsblatt: Zehn Plagen in Ägypten 11
Bibel-Basteln: Einen Papierfrosch basteln 12
Arbeitsblatt: Ich entdecke! 13
Bibel-Kreuzworträtsel: Pessach 14
Arbeitsblatt zum Verständnis: Das Pessachmahl 15
Bibel-Wortsuche: Das Fest der ungesäuerten Brote 16
Arbeitsblatt: Lückentext 17
Malvorlage: Vorbereitungen für das Pessachfest 18
Arbeitsblatt: Lerne, ein Schaf zu zeichnen 19
Malvorlage: Pessach 20
Arbeitsblatt: Was isst man zum Pessachmahl? 21
Arbeitsblatt: Das Fest der ungesäuerten Brote 22
Arbeitsblatt: Der Auszug aus Ägypten 23
Faktenblatt: Ungesäuertes Brot 24
Rezept: Wir backen Matze! 25
Hebräisch lernen: Das Fest der ungesäuerten Brote 26
Vervollständige das Bild: Das letzte Mahl Jeschuas 28
Malvorlage: Das letzte Mahl 29
Arbeitsblatt: Silbermünzen 30
Labyrinth: Vor dem Sanhedrin 31
Arbeitsblatt zum Ausmalen: Jeschua vor Pilatus 32
Bibel-Quiz: Pessach & das Fest der ungesäuerten Brote 33
Arbeitsblatt: Garten Gethsemane 34
Bibel-Quiz: Tod am Pfahl 35
Arbeitsblatt zum Ausmalen: Kreuzigung 36
Arbeitsblatt zum Verständnis: Der Tempel 37

Arbeitsblatt: Das Pessach 38
Lasst uns Schreiben: Die Kreuzigung 39
Bibelvers Schreibarbeit: Das Pessach-Lamm 40

Das Fest der Erstlingsfrucht (Bikkurim)

Einführung: Das Fest der Erstlingsfrucht 41
Arbeitsblatt: Lückentext 42
Malvorlage: Das Fest der Erstlingsfrucht 43
Bibel-Kreuzworträtsel: Das Kreuz und das leere Grab 44
Malvorlage: Der Tempel 45
Malvorlage: Der Hohepriester 46
Arbeitsblatt: Opfer der Erstlingsfrucht 47
Hebräisch lernen: Bikkurim 48
Arbeitsblatt: Das Fest der Erstlingsfrucht 50
Arbeitsblatt zum Verständnis: Golgatha entdeckt? 51
Bibelvers Schreibarbeit: Fest der Erstlingsfrüchte 52
Bibel-Quiz: Die Auferstehung 53
Bibel-Wortsuche: Die Auferstehung 54
Arbeitsblatt zum Ausmalen: Das Fest der Erstlingsfrucht 55
Male das Bild aus: Er ist auferstanden! 56
Knacke den Code: Die Auferstehung 57
Arbeitsblatt: Fakten zu den Jüngern 58
Arbeitsblatt zum Verständnis: Die Römer 59
Quiz und Malvorlage: Der Bericht der Wache 60
Arbeitsblatt: Was ist ein Jünger? 61
Bibel-Quiz: Die zwölf Jünger 62
Arbeitsblatt: Jeschua ist auferstanden! 63
Arbeitsblatt: Die Jerusalemer Nachrichten 64
Alphabet-Spiel 65
Arbeitsblatt zum Verständnis: Wer war Pontius Pilatus? 66

Pfingsten (Schavuot)

Einführung: Schavuot 67
Malvorlage: Die Zehn Gebote 68
Bibel-Quiz: Die Zehn Gebote 69
Bibel-Aktivität: Als Israelit verkleiden 70
Quiz und Malvorlage: Berg Sinai 71
Hebräisch lernen: Schavuot 72

Arbeitsblatt zum Verständnis: Berg Sinai 74
Malvorlage: Zwölf Stämme Israels 76
Bibel-Quiz: Schavuot 77
Arbeitsblatt: Lückentext 78
Arbeitsblatt: Schavuot 79
Arbeitsblatt: Die Israeliten 80
Labyrinth: Pilgerreise nach Jerusalem 81
Arbeitsblatt: Mein Reisetagebuch 82
Bibel-Kreuzworträtsel: Schavuot 83
Malvorlage: Ein gewaltiger Wind 84
Arbeitsblatt: Der Heilige Geist 85
Arbeitsblatt: Die Jerusalemer Nachrichten 86
Karten-Aktivität: Zwölf Stämme Israels 87
Arbeitsblatt zum Ausmalen: Petrus 88
Bibel-Wortsuche: Schavuot 89
Bibel-Worträtsel: Wie viele Menschen wurden getauft? 90

ZUSÄTZLICHE AKTIVITÄTEN
Bibelvers-Schreibarbeit: Die zehn Plagen 92

HANDWERK & PROJEKTE
Bibel-Basteln: Ein Pappteller-Lamm basteln 103
Bibel-Aktivität: Garten von Gethsemane 107
Arbeitsblatt: Wer hat es gesagt? 109
Bibel-Aktivität: Was gehört in den Tempel? 111
Bibel-Basteln: Eine Pappteller-Grabstätte basteln 117
Bibel-Basteln: Die Zehn Gebote 121
Bibel-Aktivität: Schavuot in Jerusalem 131
Arbeitsblatt: Wir lernen über Schavuot 133
Bibel-Basteln: Die festgesetzten Zeiten 135

Lösungen 139
Entdecken Sie weitere Übungsbücher! 143

DIE FESTGESETZTEN ZEITEN

In Seinem biblischen Kalender hat Jah besondere Tage festgelegt, welche „die festgesetzten Zeiten" genannt werden. Die festgesetzten Zeiten (Moedim auf Hebräisch) handeln alle vom Kommen des Messias, von der Hoffnung und dem Plan unserer Erlösung. Viele englischsprachige Bibeln verwenden das Wort „seasons" (Jahreszeiten), aber das ursprüngliche hebräische Wort lautet „Moed" und bedeutet „festgesetzte Zeit".

Manche Menschen glauben, dass diese festgesetzten Zeiten jüdische Feste sind. Die Heilige Schrift sagt uns jedoch, dass es keine jüdischen oder hebräischen Feste sind; es sind Jahs festgesetzte Zeiten und es sind Generalproben für das ganze Haus Israel.

„Das sind aber die Feste des Herrn, die heiligen Versammlungen, die ihr zu festgesetzten Zeiten einberufen sollt." (3. Mose 23,4)

Die erste Reihe der festgesetzten Zeiten wurde mit dem ersten Kommen Jeschuas erfüllt - das Fest der ungesäuerten Brote (einschließlich des Pessachmahls), das Fest der Erstlingsfrucht und das Fest Schavuot. Die letzte Reihe der festgesetzten Zeiten wird sich mit dem zweiten Kommen Jeschuas erfüllen - das Posaunenfest, der Versöhnungstag, das Laubhüttenfest und der letzte große Tag.

PESSACH & DAS FEST DER UNGESÄUERTEN BROTE

Als die Israeliten Ägypten verließen, waren sie so in Eile, dass sie keine Zeit hatten, ihren Brotteig gehen zu lassen. So trugen sie den ungebackenen Teig auf dem Rücken, und während sie gingen, wurde er in der Sonne erhitzt. Weil das Brot keine Hefe hatte, wurde es hart und flach und war als „Matze" (oder Matzah) bekannt. Das Essen von Matzen jedes Jahr während des Festes der ungesäuerten Brote erinnert die Menschen an den Auszug der Israeliten aus Ägypten und daran, wie Jah sie aus der Knechtschaft befreite. Obwohl die Israeliten körperlich befreit waren, beteten sie immer noch die falschen Götter Ägyptens an. Sie mussten lernen, Ägypten geistig zu verlassen.

Der hebräische Name für das Fest der ungesäuerten Brote ist Chag HaMatzot und bedeutet wörtlich „Fest der ungesäuerten Brote." Es beginnt am fünfzehnten Tag des biblischen 1. Monats, dem hebräischen Nissan (meistens fällt dieser in den April) mit dem Pessachmahl und dauert sieben Tage lang. Viele Menschen denken, dass dieses Fest ein jüdisches Fest ist. Aber die Bibel besagt, dass dieses Fest eine von Jahs „festgesetzten Zeiten" ist. Das Pessach verweist auf Jeschua als unser Pessach-Lamm, dessen Blut für unsere Sünden vergossen wurde. Jeschua wurde am Tag der Vorbereitung auf das Pessachfest gekreuzigt, zur Stunde, als die Lämmer für das Pessachmahl am Abend geschlachtet wurden.

Male das Lamm aus!

„Das sind aber die Feste des Herrn, die heiligen Versammlungen, die ihr zu festgesetzten Zeiten einberufen sollt." (3. Mose 23,4)

DIE ZEHN PLAGEN

Lies 2. Mose 7,14-13,16.
Beantworte die folgenden Fragen.

1. Was war die erste Plage? ....

2. Welche Plagen konnten die ägyptischen Zauberer kopieren? ....

3. Was war die vierte Plage? ....

4. Bei welcher Plage wurde Ofenruß verwendet? ....

5. Was war die neunte Plage? ....

6. Was war die letzte Plage? ....

7. Wie viele Plagen schickte Jah über Ägypten? ....

8. Wer verhärtete das Herz des Pharaos, so dass er die Kinder Israels nicht ziehen ließ? ....

9. Wessen Gebeine nahm Mose mit, als er Ägypten verließ? ....

10. Die Kinder Israels verließen Ägypten während welcher festgesetzten Zeit (welchen Festes)? ....

WO LIEGT ÄGYPTEN?

Folge den Anweisungen unten und markiere die Orte auf der Karte von Afrika. Vielleicht musst du einen Atlas oder das Internet benutzen, um die Antworten zu finden!

Male den König von Ägypten aus

☐ Finde und markiere das Land Ägypten

☐ Finde und markiere das Rote Meer

☐ Zeichne den Fluss Nil

Nenne vier biblische Figuren, die in Ägypten lebten:

.... , ... , ... , ...

ZEHN PLAGEN IN ÄGYPTEN

Lies 2. Mose 7,14-11,10. Bringe die Plagen in die richtige Reihenfolge.
Schreibe Zahlen in die Kästchen, entsprechend der Reihenfolge, in der sie passiert sind.

Blut

Viehseuche

Hundsfliegen

Mücken (bzw. Läuse)

Hagel

Finsternis

Geschwüre

Frösche

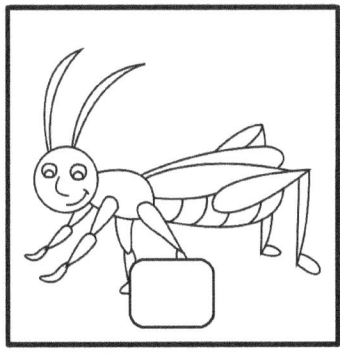
Heuschrecken

Tod der Erstgeborenen

EINEN PAPIERFROSCH BASTELN

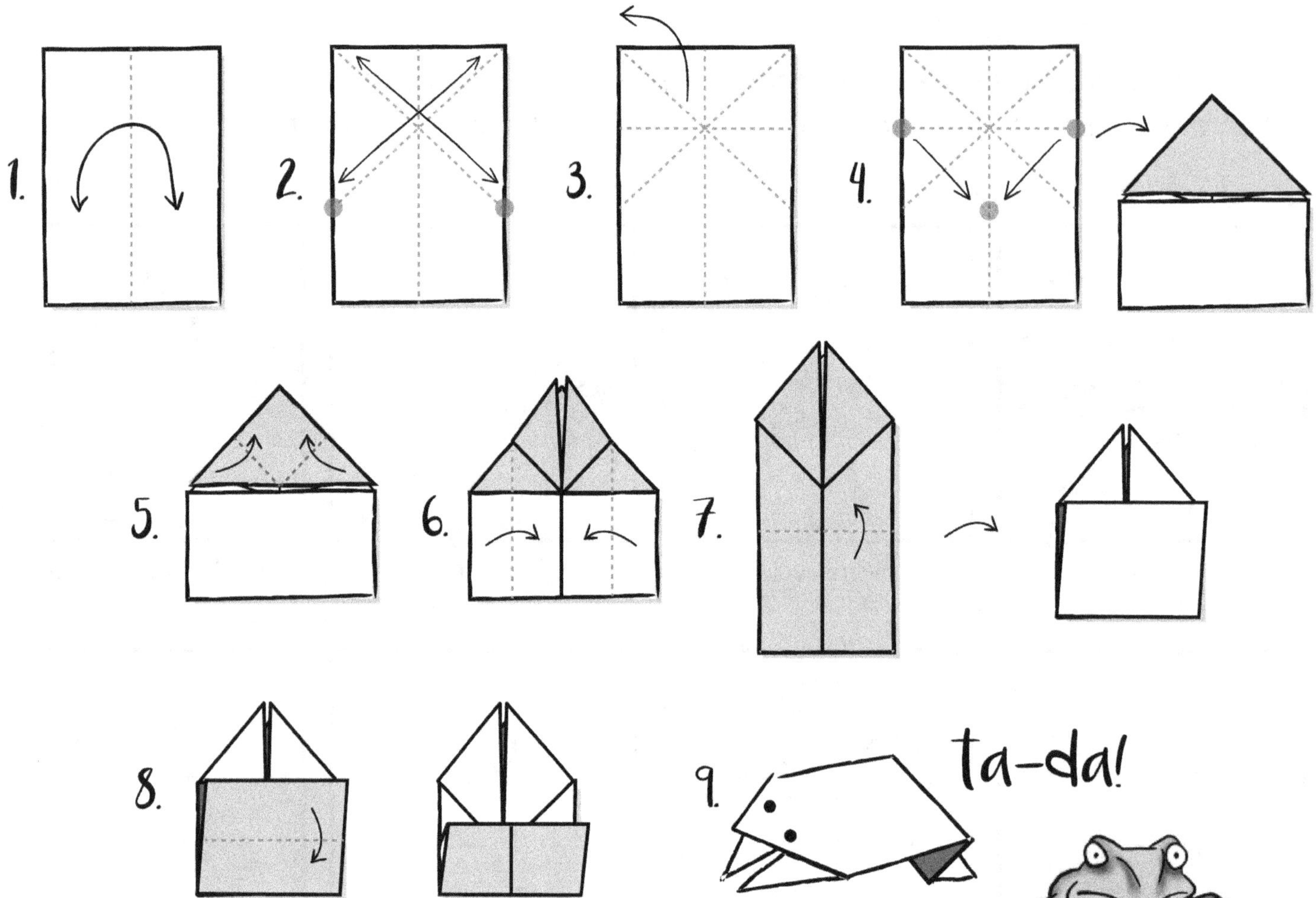

1. Nimm ein rechteckiges Stück Papier, falte es in der Mitte und öffne es wieder.
2. Falte die beiden oberen Ecken an die gegenüberliegende Kante des Papiers.
3. Dort, wo sich die diagonalen Falten in der Mitte treffen, das Papier nach hinten falten und wieder aufklappen.
4. Halte das Papier an den Seiten fest, bringe diese Punkte dann nach unten zur Mittellinie und glätte sie.
5. Falte die oberen Dreiecke bis zum obersten Punkt.
6. Falte die Seiten in die mittlere Falte.
7. Falte das untere Ende des Papiers nach oben, sodass das Ende die Mitte der oberen Raute trifft.
8. Falte den gleichen Teil halbierend nach unten.
9. Drehe es um. Ta-da! Fertig ist dein Papierfrosch.

Bible Pathway Adventures

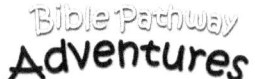

ICH ENTDECKE!

Jah schickte zehn Plagen über die Ägypter. Kannst du die drei Plagen unten benennen?
Male jede Plage in der gleichen Farbe an.
Zähle dann jede Art von Plage und schreibe die Zahl auf das Etikett.

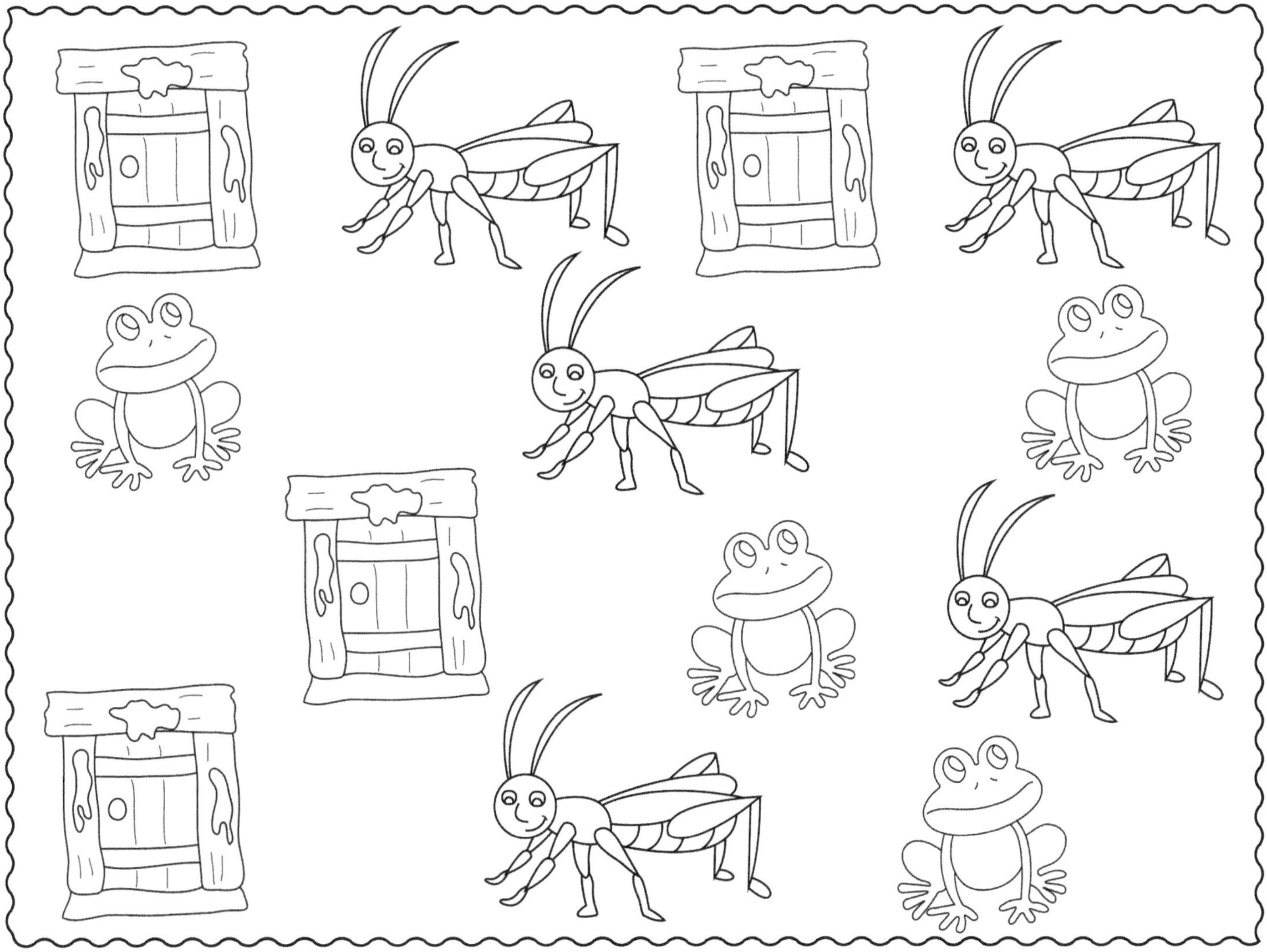

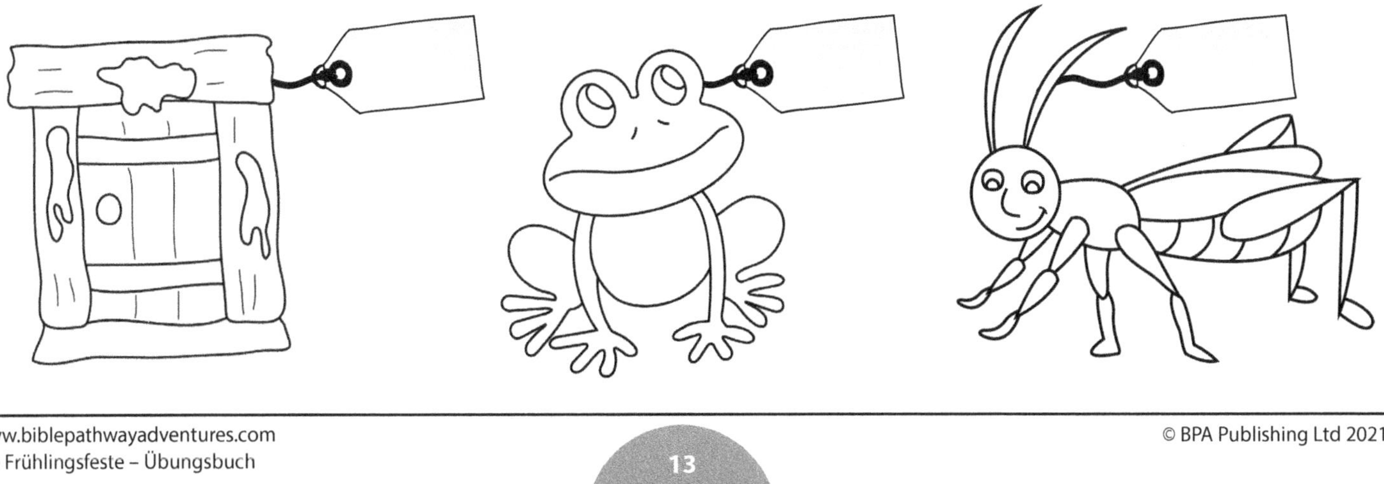

PESSACH

Lies 2. Mose 12, 4. Mose 9 und Johannes 19 (Schlachter-Bibel).
Vervollständige das Kreuzworträtsel.

WAAGERECHT

3) Der König von Ägypten.
5) Jesus' hebräischer Name
6) „Und wenn ich das _____ sehe, dann werde ich verschonend an euch vorübergehen…" (2. Mose 12,13)
7) Wer führte die Kinder Israels aus Ägypten?
10) Die Hebräer verließen Ägypten während dieses Festes (2. Mose 12,17)

SENKRECHT

1) „Sie sollen nichts davon übriglassen bis zum Morgen, auch keinen _____ an ihm zerbrechen…" (4. Mose 9,12)
2) „Sieben Tage lang darf sich kein _____ in euren Häusern finden." (2. Mose 12,19)
4) Ein junges Schaf
8) „Denn dies ist geschehen, damit die _____ erfüllt würde…" (Johannes 19,36)
9) Am vierzehnten Tag des Monats, zur Abendzeit, ist das _____ des Herrn.

DAS PESSACHMAHL

Die Bibel besagt, dass Mose Jahs Anweisungen befolgte und den Pharao bat, die hebräischen Sklaven freizulassen. Als der Pharao sich weigerte und die neun Plagen ignorierte, die Jah bereits geschickt hatte, beschloss Jah, alle Erstgeborenen im Land Ägypten zu töten. Aber zuerst warnte Er Mose, dass die Hebräer zum Schutz ihrer Erstgeborenen die beiden Türpfosten und den Türsturz ihrer Häuser mit Lammblut markieren sollten. „Wenn ich das Blut sehe, dann werde ich verschonend an euch vorübergehen; und es wird euch keine Plage zu eurem Verderben treffen, wenn ich das Land Ägypten schlagen werde." (2. Mose 12,13)

Nachdem Jah die Hebräer aus Ägypten herausgeführt hatte, bat Er sie, jedes Jahr die festgesetzte Zeit der ungesäuerten Brote zu ehren und sich daran zu erinnern, wie Er sie vor Seinem Gericht über die Ägypter beschützt hatte (3. Mose 23,4-8). Das Fest der ungesäuerten Brote beginnt am vierzehnten Tag des hebräischen Monats Nisan bei Sonnenuntergang mit einem Pessachmahl. Heute feiern die Gläubigen Jeschuas das Pessachmahl, indem sie Lamm und ungesäuertes Brot essen, um sich an den Tod des Messias zu erinnern.

Male die Tür an

Warum, glaubst du, verhärtete Jah das Herz des Pharaos, so dass er die Hebräer nicht befreien wollte?

....

Esst ihr in eurer Familie jedes Jahr das Pessachmahl? Wenn ja, was esst ihr?

....

FEST DER UNGESÄUERTEN BROTE

Lies 2. Mose 13 und 3. Mose 23.
Finde die Wörter aus der Liste unten und kreise sie ein.

```
B I T T E R E K R A E U T E R F
R A X O K I Q M C L S X D D Y E
D Q E T Z E O O S P I V H H L S
W Y D G I K L S D F E H X E V T
W N C E Y Q B E F M B N L B S G
Z Y P Z X P R K W S E F V R A E
W L Q Q E E T U Y D N G K A U S
U Y S O P S A E Z R T S U E E E
C C N O E S C C N B A B Z E R T
Z E I H A A H A U S G H T R T Z
B A Z U T C C J M P E R P C E T
L Z Q J D H T B N O L K S U I E
U J A H W E H U G T L A R P G Z
T V E R S A M M L U N G M G P E
G E S C H L E C H T E R O M M I
P N G C E D M A T Z E F I B L T
```

PESSACH SAUERTEIG JAHWEH BITTERE KRAEUTER
FESTGESETZTE ZEIT VERSAMMLUNG LAMM GESCHLECHTER
BLUT MATZE HEBRAEER YSOP
AEGYPTEN HAUS MOSE SIEBEN TAGE

LÜCKENTEXT

Lies 2. Mose 12,14-19. Fülle die Lücken aus.

„Und dieser Tag soll euch zum .... sein, und ihr sollt ihn feiern als ein Fest des .... bei euren künftigen Geschlechtern; als .... Ordnung sollt ihr ihn feiern. Sieben Tage lang sollt ihr .... Brot essen; darum sollt ihr am ersten Tag den .... aus euren Häusern hinwegtun. Denn wer gesäuertes Brot isst vom ersten Tag an bis zum siebten Tag, dessen Seele soll ausgerottet werden aus ....! Und ihr sollt am ersten Tag eine heilige .... halten, ebenso am siebten Tag eine heilige Versammlung. Keine .... sollt ihr an diesen Tagen tun; nur was jeder zur Speise nötig hat, das allein darf von euch zubereitet werden. Und haltet das .... der ungesäuerten Brote! Denn eben an diesem Tag habe ich eure Heerscharen aus dem Land .... herausgeführt; darum sollt ihr diesen Tag als ewige Ordnung .... bei euren künftigen .... Am vierzehnten Tag des ersten Monats, am Abend, sollt ihr ungesäuertes Brot essen bis zum einundzwanzigsten Tag des Monats, am Abend."

GEDENKEN	SAUERTEIG	ÄGYPTEN
HERRN	ISRAEL	GESCHLECHTERN
EWIGE	VERSAMMLUNG	ARBEIT
UNGESÄUERTES	FEST	EINHALTEN

„Und sie sollen von dem Blut nehmen und damit beide Türpfosten und die Oberschwellen der Häuser bestreichen..."

(2. Mose 12,7)

LERNE, SCHAFE ZU ZEICHNEN

Während des ersten Pessachmahls in Ägypten aßen die Hebräer Lamm (ein junges Schaf) und bittere Kräuter. Folge den Schritten 1 - 6 und zeichne dein eigenes Schaf!

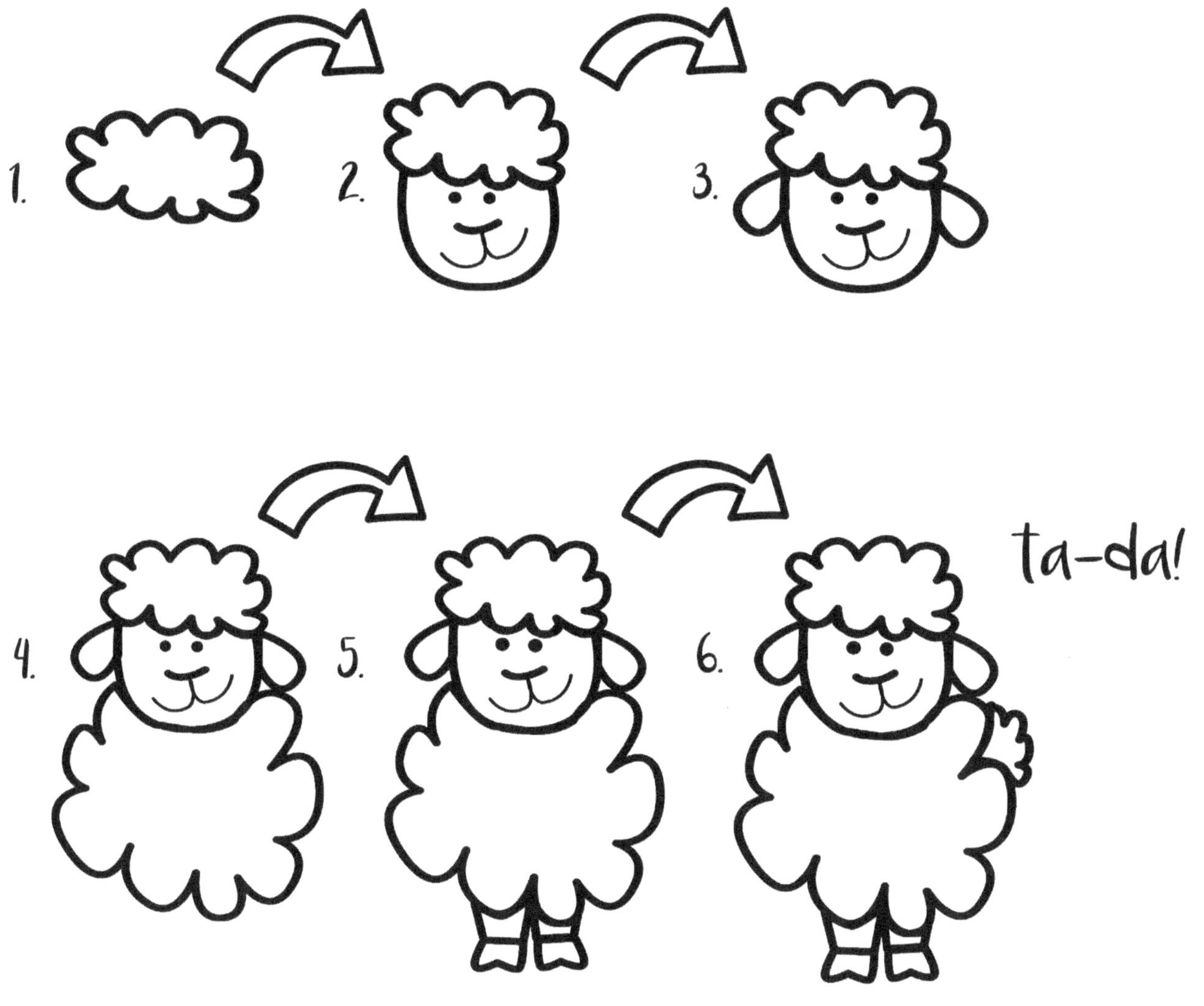

PESSACH

Die Israeliten bestrichen die beiden Türpfosten und den Türsturz ihrer Häuser mit Blut, um sie vor der letzten Plage zu schützen. Lies 2. Mose 12,1-30. Male Blut auf die Türpfosten und den Türsturz. Male das Bild aus.

Was isst du zum Pessachmahl? Zeichne das Essen, welches du isst, auf den Teller unten.

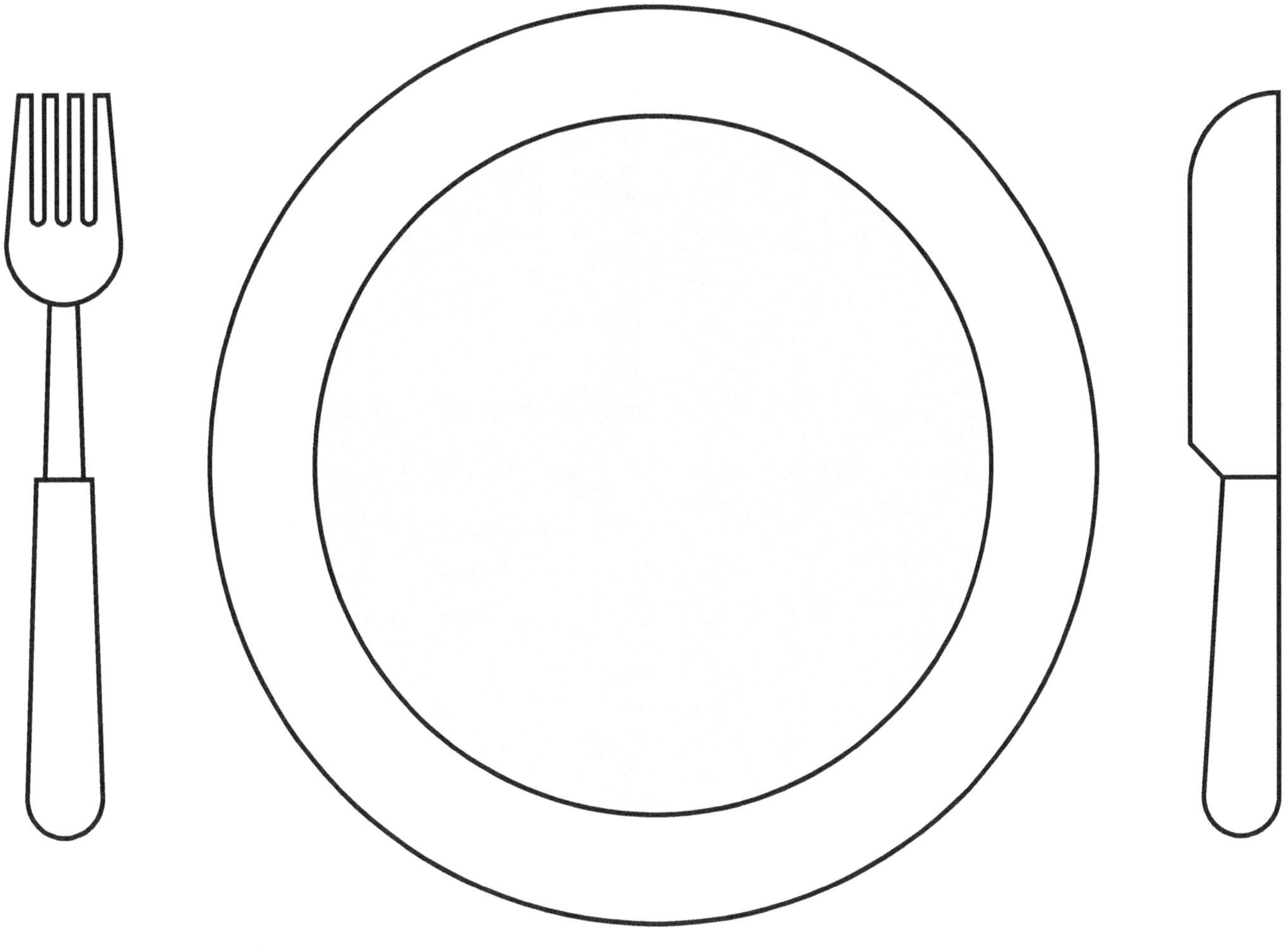

Ungesäuerte Brote

Stell dir vor, du wärst in der Menge, als Jeschua gekreuzigt wird. Was würdest du zu Ihm sagen?

Wenn die zehn Plagen Ägyptens ein Buch wären, würde das Cover so aussehen...

Zeichne ein Bild von deiner Familie, wie sie das Pessachmahl isst.

Wo in der Bibel kann ich Anweisungen finden, wie man das Fest der ungesäuerten Brote ehrt?

Die Kinder Israels verließen Ägypten mit ihren Habseligkeiten. Denke über das Leben im alten Ägypten nach und mache eine Liste mit Gegenständen, die in den Taschen der Israeliten gewesen sein könnten. Zeichne einige der Gegenstände in den Beutel.

1. ....
2. ....
3. ....
4. ....
5. ....
6. ....
7. ....
8. ....
9. ....
10. ....

UNGESÄUERTE BROTE

Als die Kinder Israels Ägypten verließen, waren sie so in Eile, dass sie keine Zeit hatten, ihren Brotteig gehen zu lassen. Also trugen sie den ungebackenen Teig auf ihren Rücken. Während sie liefen, wurde er in der Sonne erhitzt. Weil das Brot keine Hefe hatte, wurde es hart und flach und war als „Matze" (oder Matzah) bekannt. Das Essen von Matze jedes Jahr während des Festes der ungesäuerten Brote erinnert die Menschen an den Auszug der Israeliten aus Ägypten und daran, wie Gott sie aus der Knechtschaft befreite. Obwohl die Israeliten körperlich befreit worden waren, beteten sie immer noch die falschen Götter Ägyptens an. Sie mussten lernen, Ägypten geistig zu verlassen. Das Fest der ungesäuerten Brote beginnt am fünfzehnten Tag des Nisan (März-April) und dauert sieben Tage. Viele Menschen glauben, dass das Fest der ungesäuerten Brote ein jüdisches Fest ist. Aber die Bibel besagt, dass dieses Fest eine von Gottes „festgesetzten Zeiten" ist.

Male die Matze aus!

Wie ehrst du und deine Familie das Fest der ungesäuerten Brote?

....

Was sagte Jah den Kindern Israels, wie sie ihre Häuser für das Fest der ungesäuerten Brote vorbereiten sollen? (2. Mose 12,15-19)

....

LASST UNS MATZE MACHEN!

ZUTATEN

1 Tasse Mehl

1/3 Tasse Pflanzenöl

1/8 Teelöffel Salz

1/3 Tasse Wasser

ANLEITUNG

Ein Backblech mit Backpapier auslegen.

Mehl, Öl und Salz in einer Schüssel vermischen.

Wasser hinzufügen und verrühren, bis der Teig weich ist.

Den Teig mit den Händen zu sechs Kugeln formen und zu Scheiben auf das vorbereitete Backblech drücken.

Bei 220°C (425°F) 8-10 Minuten backen oder bis das Brot gar ist.

✦ CHAG HAMATZOT ✦

Die hebräischen Worte für das Fest der ungesäuerten Brote sind Chag HaMatzot. Zu diesem Fest wird der Auszug der Kinder Israels aus Ägypten gefeiert. Jah bittet uns, uns an diese festgesetzte Zeit zu erinnern und sie für immer zu ehren (2. Mose 12,17).

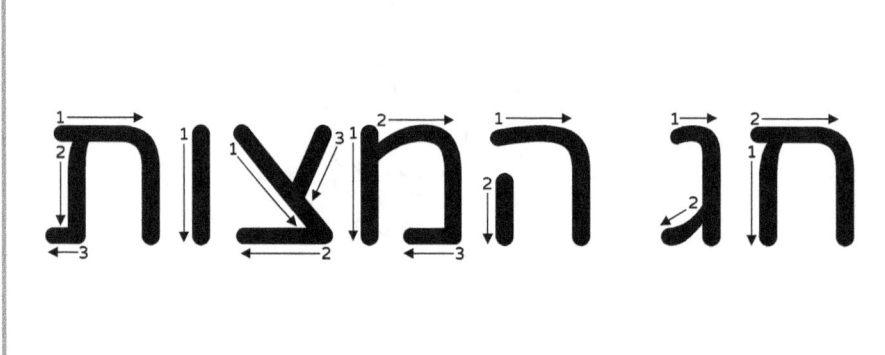

 # LASST UNS SCHREIBEN!

Übe das Schreiben von „Chag HaMatzot" auf den untenstehenden Zeilen.

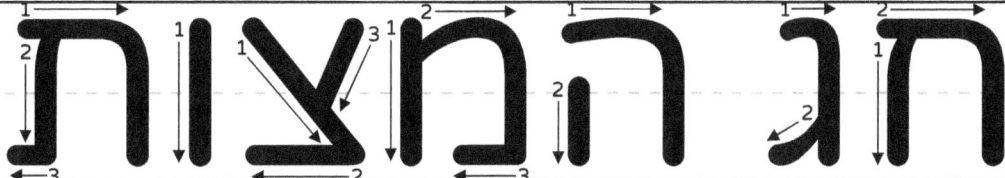

Probiere es nun selbst.
Denke daran, dass die hebräische Sprache von RECHTS nach LINKS gelesen wird.

DAS LETZTE MAHL JESCHUAS

Bevor Jeschua gekreuzigt wurde, nahm er mit seinen Jüngern in einem Obergemach in Jerusalem eine Mahlzeit ein. Zeichne eine Szene aus dieser Geschichte, um das Bild zu vervollständigen.

„Das ist mein Leib, der für euch gegeben wird; das tut zu meinem Gedächtnis!"

(Lukas 22,19)

SILBERMÜNZEN

Zähle die Anzahl der Silberlinge im Beutel, um herauszufinden, wie viel Geld Judas bekommen hat, um Jeschua zu verraten. Male das Bild aus.

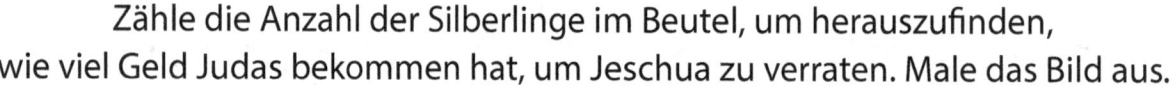

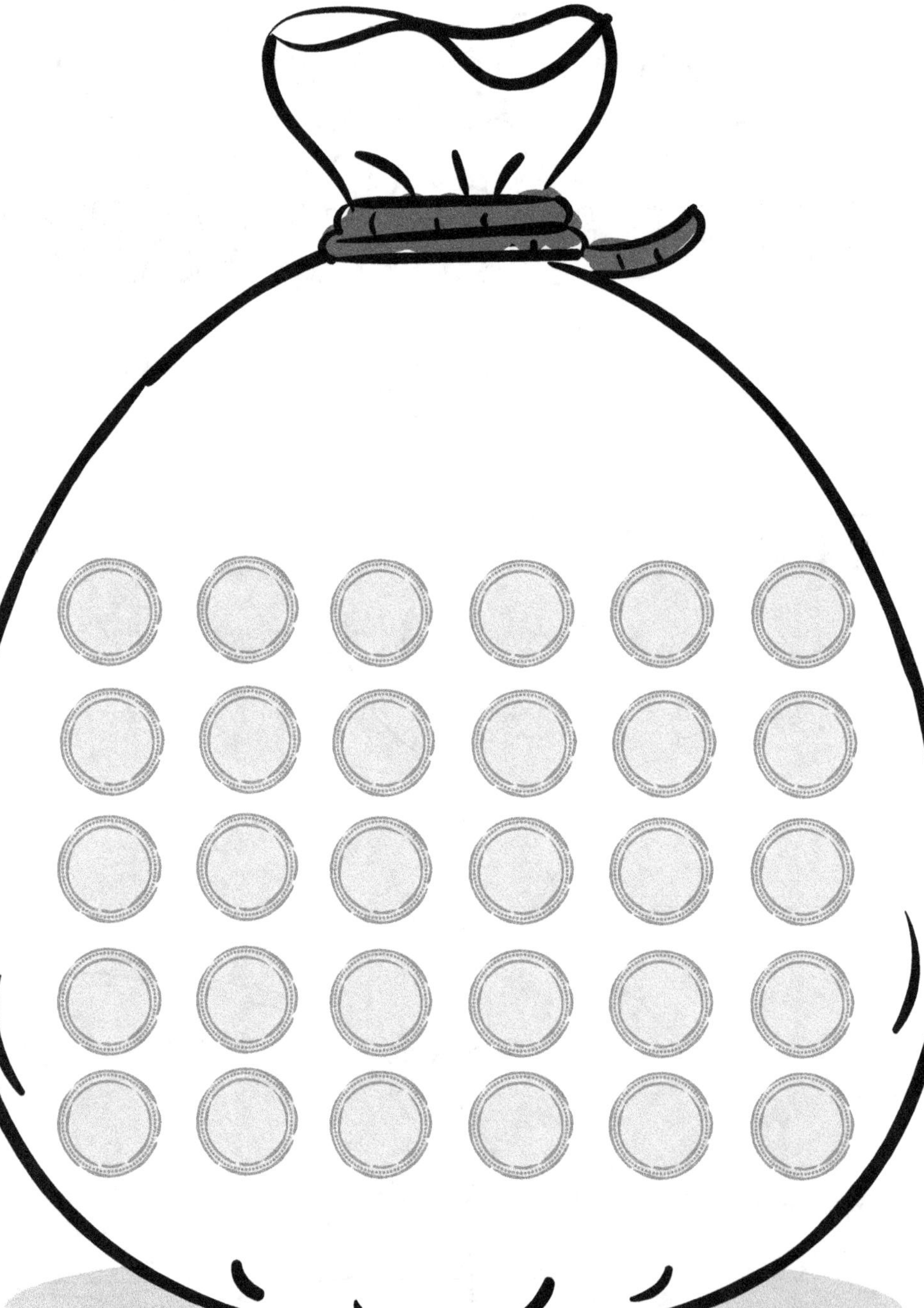

VOR DEM SANHEDRIN

Bevor Jeschua gekreuzigt wurde, stellte ihn der Sanhedrin vor Gericht. Der Sanhedrin hatte 71 Mitglieder, darunter Kajaphas, der Hohepriester, und andere religiöse Führer. Hilf den Soldaten, Jeschua vor den Sanhedrin zu bringen.

Bible Pathway Adventures

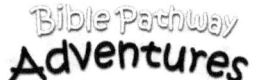

JESCHUA VOR PILATUS

Schlage deine Bibel auf und lies Matthäus 27.
Beantworte die Fragen. Male das Bild aus

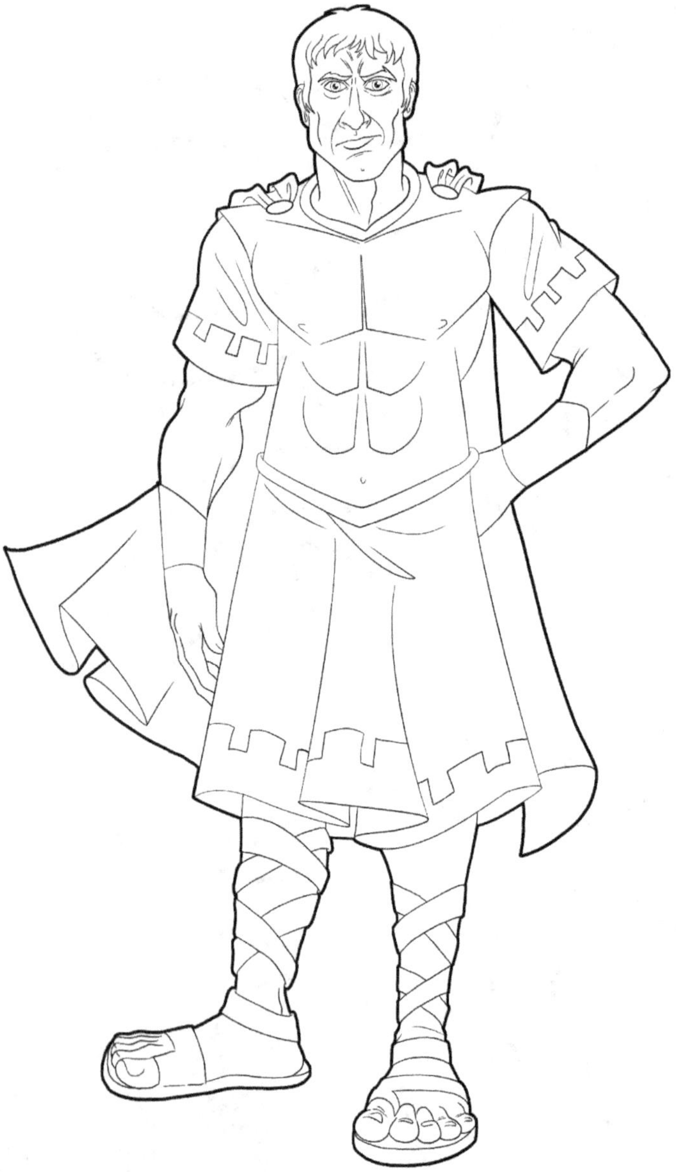

1. Wie hat Jeschua die Fragen des Pilatus beantwortet? (Vers 14)

....

....

....

....

2. Wer schickte Pilatus eine Nachricht? (Vers 19)

....

....

....

....

3. Wen übergab Pilatus, um gekreuzigt zu werden? (Vers 26)

....

....

....

....

PESSACH & DAS FEST DER UNGESÄUERTEN BROTE

Lies 2. Mose 13, 2. Chronik 30 & 35, Johannes 6,
Apostelgeschichte 20 und 1. Korinther 5 & 15.
Beantworte die folgenden Fragen.

1. Paulus ermutigt die Gemeinde in 1. Korinther 5 welches Fest einzuhalten? ....

2. Welche Art von Brot nahmen die Hebräer mit, als sie Ägypten verließen? ....

3. Wie lange dauert das Fest der ungesäuerten Brote? ....

4. Das Pessachmahl findet zu Beginn welchen Festes statt? ....

5. Für wie lange sollten die Israeliten das Pessachmahl einhalten? ....

6. Welcher israelitische König ehrte dieses Fest in 2. Chronik 30? ....

7. In welcher Stadt feierte Josia dieses Fest? ....

8. Wohin segelte Paulus nach dem Fest der ungesäuerten Brote in Apostelgeschichte 20,6? ....

9. Wie viele Menschen hat Jeschua vor diesem Fest in Johannes 6 gespeist? ....

10. Zu welcher festgesetzten Zeit während des Festes der ungesäuerten Brote ist Jeschua aus dem Grab auferstanden? ....

DER ÖLBAUM

Jeschua verweilte eine Zeit lang mit seinen Jüngern im Garten Gethsemane. Der Name Gethsemane bedeutet „Ölpresse". Noch heute kann man überall im Land Israel Olivenpressen finden. Die Hebräer stellten Olivenöl her, indem sie Oliven in Säcke legten und diese übereinander stapelten. Ein Balken wurde auf den Stapel herabgelassen und ein Gewicht am Ende des Balkens befestigt, um Öl aus den Oliven zu pressen. Beschrifte den Olivenbaum anhand der Wörter unten. Male den Baum an.

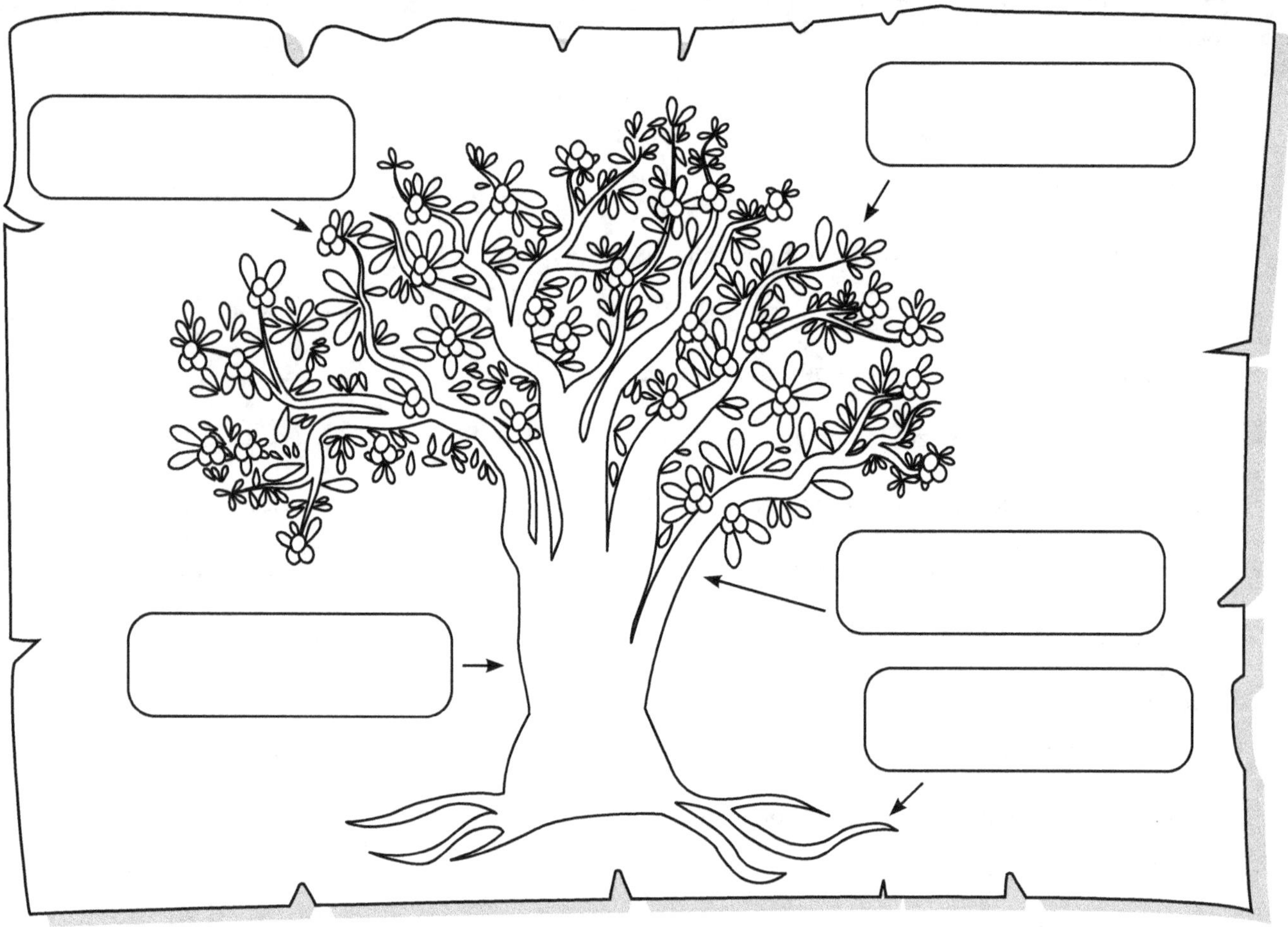

Wurzeln **Zweige** **Oliven**

Blätter **Stamm**

TOD AM PFAHL

Lies Matthäus 27,32-56.
Beantworte die folgenden Fragen.

1. Wer hat Jeschua zum Tode verurteilt? ....

2. Wer wurde gezwungen, Jeschuas Kreuz durch die Straßen Jerusalems zu tragen? ....

3. An welcher Stelle wurde Jeschua an den Pfahl genagelt? ....

4. Was stand auf dem Schild über Jeschuas Kopf geschrieben? ....

5. Was schrie Jeschua, während er an den Pfahl genagelt wurde? ....

6. Wer wurde neben Jeschua gekreuzigt? ....

7. Nachdem Jeschua gestorben war, wie lange bedeckte die Finsternis das Land? ....

8. Wer bat Pilatus um Jeschuas Leichnam? ....

9. Was benutzte der römische Kriegsknecht (Soldat), um Jeschuas Seite zu durchbohren? ....

10. In was wurde Jeschua eingewickelt, bevor er begraben wurde? ....

Kreuzigung

Lies Matthäus 27,50-52 und schreibe den Bibelvers auf.

....

....

....

1. Was zerriss in zwei Teile, als Jeschua seinen Geist aufgab?

....

....

2. Was erschütterte die Stadt, nachdem Jeschua gestorben war?

....

....

3. Wer sagte: „Wahrhaftig, dieser war Gottes Sohn!"?

....

....

Zeichne deine Lieblingsszene aus dieser Geschichte.

Was könnte ich aus dem Leben von Jeschua lernen?	Gott benutzte Jeschua, um…

DER TEMPEL

Der Tempel in Jerusalem war das Zentrum des hebräischen Lebens während der biblischen Zeit. Es begann mit dem Bau des ersten Tempels durch König Salomo und endete mit seiner Zerstörung durch die Römer im Jahr 70 n. Chr. Um die Bundeslade unterzubringen, baute König Salomo im zehnten Jahrhundert den ersten Tempel, der später von den Babyloniern zerstört wurde. Ein zweiter Tempel wurde während der Zeit von Nehemia gebaut und einer großen Renovierung während der Herrschaft von König Herodes unterzogen.

Jedes Jahr während des Pessach-Opfers im Tempel, bildeten diejenigen, die ein Lamm opfern wollten, Gruppen. Jede Gruppe schlachtete ein Pessach-Lamm für diese Gruppe von Menschen. Die Priester erlaubten, dass der Hof der Israeliten dreimal gefüllt wurde, um dies zu tun. Das Pessach-Lamm wurde, anders als die üblichen Tieropfer, von den Israeliten selbst geopfert. Die Lämmer wurden in der Nacht gebraten und gegessen.

Male den Tempel an!

Wer baute den ersten Tempel in Jerusalem?

....

Wie haben die Israeliten zu biblischen Zeiten ein Lamm für das Pessachmahl geschlachtet?

....

PESSACH

Lies 2. Mose 12, Matthäus 26 und Johannes 18.
Besprich, wie die Bilder unten mit dem Pessach und der Geschichte der Kreuzigung zusammenhängen. Ordne jedes Wort dem richtigen Bild zu.

Brot **Lamm** **Olivenbaum**

Pessach **Hohepriester**

Lasst uns Schreiben

Lies die Geschichte der Kreuzigung (Matthäus 27,27-44, Markus 15,16-32, Lukas 23,26-43 und Johannes 19,16-27). Schreibe die Geschichte in deinen eigenen Worten auf folgende Zeilen.

DAS PESSACH-LAMM

Schlage deine Bibel bei 1. Korinther 5,7 auf. Übertrage die Bibelstelle auf die vorgesehenen Zeilen. Benutze deine Fantasie, um das Bild unten auf der Seite auszumalen.

DAS FEST DER ERSTLINGSFRUCHT

Zur festgesetzten Zeit der ungesäuerten Brote war viel los in Jerusalem. Zwischen 250.000 bis 500.000 Pilger kamen, um das Fest zu feiern. Einige schliefen in Jerusalem, während andere in den umliegenden Dörfern oder in Zelten rund um die Stadt übernachteten. Die Pilger besuchten den Tempel, hörten den Lehrern zu und kauften Geschenke, die sie mit nach Hause nehmen konnten. Es gab viel Betrieb, Festlichkeit und Gelegenheiten, neue Freunde zu finden und alte Freundschaften zu erneuern.

Während dieser Zeit fand das Fest der Erstlingsfrucht statt. Es fiel auf den Tag nach dem Sabbat während der ungesäuerten Brote. Das Fest der Erstlingsfrucht ist eine von Jahs festgesetzten Zeiten, und zu Jeschuas Zeiten war es die erste Ernte des Frühlings. Es war die Aufgabe des Hohepriesters, die erste Garbe (normalerweise ein Gerstenbüschel, bekannt als die erste der Erstlingsfrüchte) vor Jah im Tempel zu schwenken, mit begleitenden Opfern. Erst nach dieser Zeremonie konnten die Israeliten die Früchte und das Getreide, das sie angebaut hatten, ernten.

Das Fest der Erstlingsfrucht weist auf Jeschuas Auferstehung als die Erstlingsfrucht der Gerechten hin. Er wurde genau an diesem Tag auferweckt, was ein Grund dafür ist, dass der Apostel Paulus ihn als „Erstling der Entschlafenen" bezeichnet.

Male die Gerste aus!

LÜCKENTEXT

Lies 3. Mose 23,9-12. Fülle die Lücken aus.

„Und der .... redete zu .... und sprach: Rede zu den Kindern .... und sage ihnen: Wenn ihr in das Land kommt, das ich euch geben werde, und seine .... einbringt, so sollt ihr die .... von eurer Ernte zum .... bringen. Der soll die Garbe weben (d.h. schwenken) vor dem Herrn, zum Wohlgefallen für euch; am Tag nach dem .... soll sie der Priester weben. Ihr sollt aber an dem Tag, an dem ihr eure .... webt, dem Herrn ein .... opfern von einem makellosen einjährigen ...."

HERR GARBE
ISRAELS LAMM
ERNTE MOSE
BRANDOPFER ERSTLINGSGARBE
SABBAT PRIESTER

Das Fest der Erstlingsfrucht

Bible Pathway Adventures

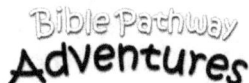

DAS KREUZ UND DAS LEERE GRAB

Lies Matthäus 28, Markus 16, Lukas 24, Johannes 20,
und Apostelgeschichte 1 (Schlachter-Bibel). Fülle das Kreuzworträtsel unten aus.

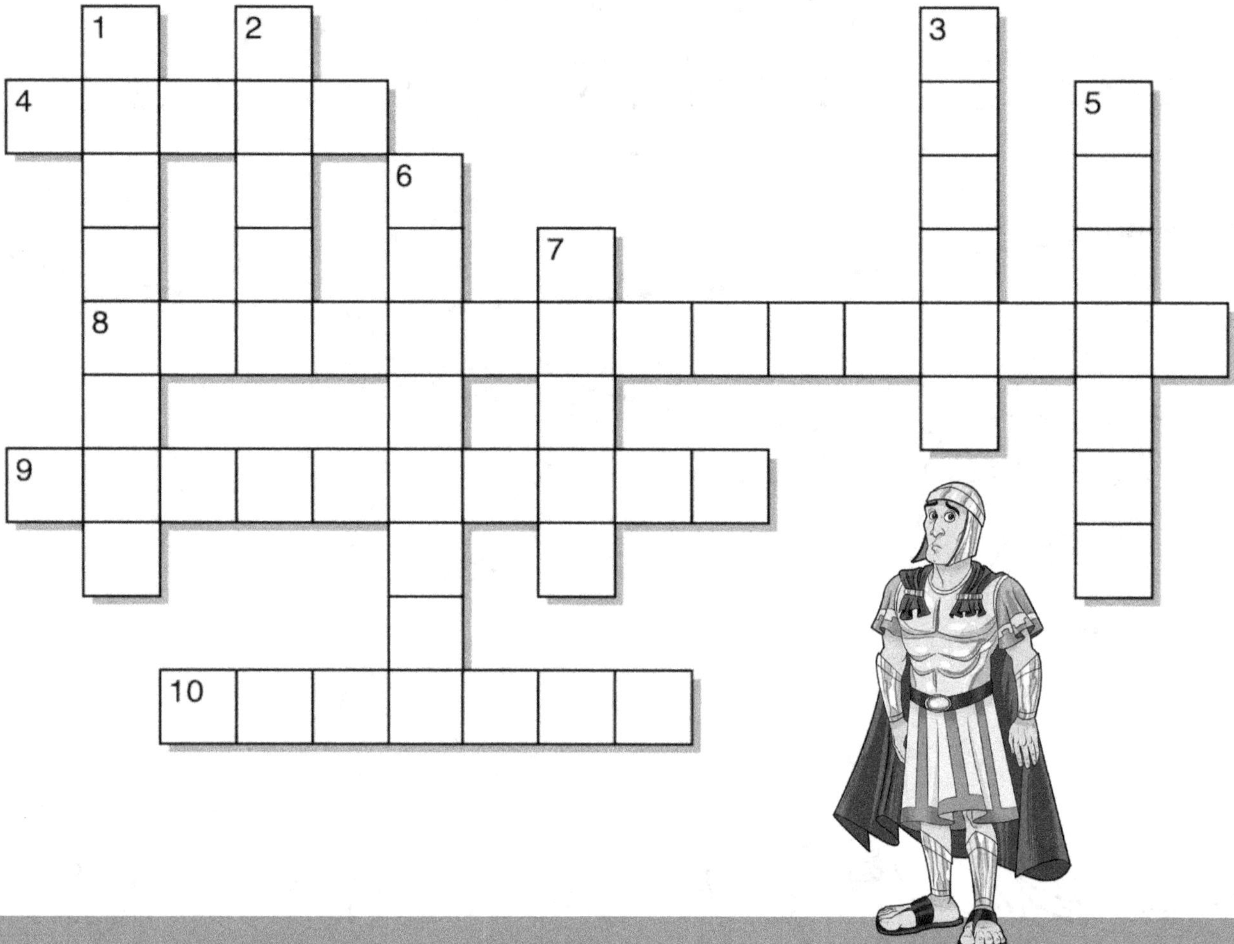

WAAGERECHT

4) Jeschua wurde nach dieser römischen Methode hingerichtet.
8) Zu welcher festgesetzten Zeit ist Jeschua aus dem Grab auferstanden?
9) An welchem See traf Jeschua seine Jünger, nachdem er aus dem Grab auferstanden war?
10) Der römische Statthalter, der Jeschua zum Tode verurteilte.

SENKRECHT

1) Nachdem Jeschua gestorben war, erschütterte dies die Stadt.
2) Der Jünger, der Jeschua verriet.
3) Dieser Jünger sprang aus dem Boot und schwamm auf Jeschua zu.
5) Was riss im Tempel von oben bis unten entzwei?
6) Name des Ortes, an dem Jeschua gekreuzigt wurde.
7) Diese Art von geistigem Wesen öffnete das Grab.

DER TEMPEL

Während des Festes der Erstlingsfrucht schwenkte der Hohepriester im Tempel eine Gerstengarbe vor Jah. Male den Tempel aus.

Der Hohepriester

„Das sind aber die Kleider, die sie anfertigen sollen: Ein Brustschild und ein Ephod, ein Oberkleid und einen Leibrock aus gemustertem Stoff, einen Kopfbund und einen Gürtel. So sollen sie deinem Bruder Aaron und seinen Söhnen heilige Kleider machen, damit er mir als Priester diene."
(2. Mose 28,4)

OPFER DER ERSTLINGSFRUCHT

Während des Festes der Erstlingsfrucht nahmen die alten Israeliten die erste Frucht ihrer Frühlingsernte und brachten sie Jah dar. Auf diese Weise heiligten sie ihre gesamte Ernte (3. Mose 23,9-14). Was gibst du Jah zum Fest der Erstlingsfrucht? Zeichne ein Bild deiner Gabe in das Feld unten.

✦ BIKKURIM ✦

Das hebräische Wort für das Fest der Erstlingsfrucht ist Bikkurim. Während des Festes der Erstlingsfrucht im alten Israel nahmen die Israeliten die erste Frucht ihrer Frühlingsernte und brachten sie Jah dar. Jah bat uns, uns an diese festgesetzte Zeit zu erinnern und sie für immer zu ehren.

LASST UNS SCHREIBEN!

Übe das Wort „Bikkurim" auf den untenstehenden Zeilen zu schreiben.

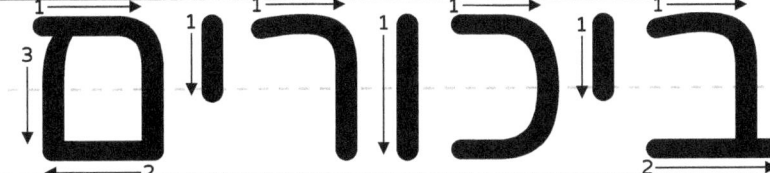

Probiere es nun selbst.
Denke daran, dass die hebräische Sprache von RECHTS nach LINKS gelesen wird.

Das Fest der Erstlingsfrucht

Stell dir vor, du bist Maria. Was würdest du zu den Jüngern sagen, wenn du vom leeren Grab zurückkehrst?

Wo in der Bibel findet man Anweisungen, das Fest der Erstlingsfrucht zu ehren?

Zeichne ein Bild vom Engel, der das Grab öffnet.

Wenn die Auferstehung ein Film wäre, würde das Filmplakat so aussehen…

GOLGATHA ENTDECKT?

Laut der Bibel wurde Jeschua außerhalb der Stadtmauern Jerusalems gekreuzigt, in der Nähe eines Ortes, der „Golgatha" oder „Schädelstätte" genannt wird (Markus 15,22). Das jüdische Gesetz erlaubte keine Kreuzigungen und Beerdigungen innerhalb der Stadt. Weil tote Körper als unrein galten, befanden sich hebräische Grabstätten und Friedhöfe immer außerhalb der Stadtmauern.

Einige Archäologen glauben, dass sie Jeschuas Kreuzigungsstätte direkt außerhalb der alten Mauern Jerusalems auf Golgatha gefunden haben. Sie befindet sich neben einer Bushaltestelle in der Nähe des Grabes, in das Jeschua gelegt wurde. Die eigentliche Kreuzigungsstätte lag viele Meter unter der Erde, mit Löchern im Gestein, an der Stelle wo die Kreuze aufgestellt wurden, und Nischen in der Felswand dahinter, wo Schilder angebracht waren. Neben dem mittleren Kreuzloch befand sich ein Erdbebenriss. In der Bibel wird erwähnt, dass während der Kreuzigung ein Erdbeben stattfand, das die Felsen spaltete. „Und siehe, der Vorhang im Tempel riss von oben bis unten entzwei, und die Erde erbebte, und die Felsen spalteten sich." (Matthäus 27,51) Was denkst du? Haben die Archäologen den Ort von Jeschuas Kreuzigung gefunden?

Male den Hebräer aus!

Was ist ein anderer Name für Golgatha?

....

Was haben Archäologen in der Nähe der Mauern von Jerusalem entdeckt?

....

DAS FEST DER ERSTLINGSFRUCHT

Schlage deine Bibel bei Matthäus 28,5-6 auf. Schreibe die Bibelstellen auf die vorgesehenen Zeilen. Benutze deine Fantasie, um das Bild unten auf der Seite auszumalen.

DIE AUFERSTEHUNG

Lies Matthäus 28, Markus 16, Lukas 24, Johannes 20, und Apostelgeschichte 1.
Beantworte die folgenden Fragen.

1. Wer hat den Stein von Jeschuas Grab weggerollt? ....

2. Während welcher festgesetzten Zeit ist Jeschua aus dem Grab auferstanden? ....

3. Was gaben die Priester den römischen Wächtern (Kriegsknechten), damit sie schwiegen? ....

4. Welche Frau traf Jeschua außerhalb des Grabes? ....

5. Als Maria Magdalena, Maria, die Mutter des Jakobus, und Salome mit ihren Gewürzen zum Grab gingen, was fanden sie vor? ....

6. Was sagten die beiden Fremden zu den Frauen außerhalb des Grabes? ....

7. Welcher Jünger zweifelte daran, dass Jeschua lebte? ....

8. Während sie auf Jeschua warteten, gingen seine Jünger auf welchem See fischen? ....

9. Wie lange blieb Jeschua nach Seiner Auferstehung auf der Erde, bevor Er in den Himmel auffuhr? ....

10. Was waren Jeschuas letzte Anweisungen an Seine Jünger? ....

DIE AUFERSTEHUNG

Lies Matthäus 28, Markus 16, Lukas 24, Johannes 20, und Apostelgeschichte 1.
Finde die Wörter aus der Liste unten und kreise sie ein.

ENGEL
FESTGESETZTE ZEIT
PETRUS
AUFERSTANDEN

KRIEGSKNECHTE
MESSIAS
ERSTLINGSFRUCHT
STEIN

GRAB
GARTEN
GENEZARETH
MARIA

GOLGOTHA
JUENGER
JESCHUA
JERUSALEM

Das Fest der Erstlingsfrucht

Lies Matthäus 28,7 und schreibe den Bibelvers auf.

....

....

....

1. Wer wälzte den Stein weg? (Matthäus 28,2)

....
....

2. Wem ist Jeschua außerhalb seines Grabes zuerst erschienen? (Johannes 20,16)

....
....

3. Wem erzählte Maria, dass Jeschua auferstanden war? (Johannes 20,18)

....
....

Zeichne deine Lieblingsszene aus dieser Geschichte.

Was könnte ich durch Jeschuas Auferstehung lernen?

Ich ehre das Fest der Erstlingsfrucht, indem ich...

ER IST AUFERSTANDEN!

Jeschua ist am Fest der Erstlingsfrucht aus dem Grab auferstanden. Zeichne neben dem Grab den Engel und zwei römische Soldaten. Male das Bild aus.

DIE AUFERSTEHUNG

Sagte Jeschua den Jüngern, dass Er aus dem Grab auferweckt werden würde? Finden wir es heraus! Der Bibelvers unten ist in einem Code geschrieben. Benutze die Tabelle unten auf der Seite, um die fehlenden Buchstaben zu entschlüsseln und den Code zu knacken! *Tipp: Lies Lukas 24,6 (Schlachter-Bibel).*

„ __ __ __ __ __ __ __ __ __ __ __ __ __ __, __ __ __ __ __ __
  2 14 3 6 25 10 3 19 4 25 4 3 2 14   6 23 10 9 2 14 10

__ __ __ __ __ __ __ __ __ __ __ __ __ __ __! __ __ __ __ __
 2 14 3 6 25 12 1 20 2 14 6 25 12 10 9   2 10   9 2 10 13 25

__ __ __ __ __, __ __ __ __ __ __ __ __ __ __ __ __ __ __ __ __,
 9 12 14 12 10   7 3 2 2 14 26 1 2 1 19 4 14 9 2 25 2

__ __ __ __ __ __ __ __ __ __ __ __ __ __ __ __ __ __."
12 5 6   2 14 10 23 19 4 3 10 24 12 5 3 5   12 7 12 14

A	B	C	D	E	F	G	H	I	J	K	L	M
18												4

N	O	P	Q	R	S	T	U	V	W	X	Y	Z
					10				16			

FAKTEN ZU DEN JÜNGERN

Jeschua lehrte seine Jünger, wie man andere zu Jüngern macht. Wer waren Jeschuas Jünger? Lies die folgenden Fakten und ordne sie dem richtigen Jünger zu.

1. .... Ein Mann aus Judäa, verriet Jeschua für 30 Silberlinge und erhängte sich.

2. .... Griechischer Name war Didymos, zweifelte an der Auferstehung Jeschuas.

3. .... Bruder von Jakobus, Beiname war Boanerges, was Sohn des Donners bedeutet, schrieb das Evangelium des Johannes und das Buch der Offenbarung.

4. .... Stammte aus Bethsaida, einer der ersten Jünger.

5. .... Sohn des Zebedäus, predigte in Jerusalem und Judäa, wurde von Herodes 44 n. Chr. enthauptet.

6. .... Bruder von Petrus, Fischer, ursprünglich ein Jünger von Johannes dem Täufer.

7. .... Zöllner, auch Levi genannt.

8. .... Bruder von Jakobus dem Jüngeren, er fragte Jeschua beim letzten Abendmahl: „Wie kommt es, dass du dich uns offenbaren willst und nicht der Welt?" (Johannes 14,22)

9. .... Sein Name bedeutet Sohn des Tolmai, lebte in Kana.

10. .... Fischer, verheiratet, leugnete dreimal, Jeschua zu kennen.

ANDREAS
BARTHOLOMÄUS
JAKOBUS, SOHN DES ZEBEDÄUS
THOMAS
JOHANNES
JUDAS
JUDAS (THADDÄUS)
MATTHÄUS
PETRUS
PHILIPPUS

DIE RÖMER

Die Römer eroberten Jerusalem im Jahr 63 v. Chr. und regierten Judäa für viele Jahre. Sie benutzten lokale Führer wie Herodes den Großen, um das Volk zu kontrollieren. Römische Gewalt war ein Teil des Lebens. Zum Beispiel konnte ein römischer Soldat eine Person dazu zwingen, alles, was bewegt werden musste, eine Meile weit zu tragen. Die Römer benutzten auch die Kreuzigung als eine Möglichkeit, um Kontrolle auszuüben. Oft sah man an den Straßenrändern Menschen, die an Kreuzen hingerichtet waren, weil sie sich Cäsar, dem römischen Kaiser, widersetzt hatten.

Die Römer erhoben von den Hebräern alle Arten von Steuern, einschließlich Lebensmittel-, Straßen- und Kopfsteuer. Sie mussten auch Religions- und andere von Herodes auferlegte Steuern bezahlen. Es gab Wasser-, Haus- und Verkaufssteuern und zusätzliche Steuern auf Dinge wie Fleisch und Salz. Es gab auch eine Tempelsteuer, um für den Unterhalt des Tempels in Jerusalem zu zahlen. Wegen dieser Steuern waren viele hebräische Familien sehr arm. Im Jahr 66 n. Chr. hatte das Volk schließlich genug von den Römern. Sie kämpften gegen die Römer, bis die Römer Jerusalem einnahmen und den Tempel im Jahr 70 n. Chr. zerstörten.

Male das Kolosseum aus!

Wie kontrollierten die Römer die Menschen in Judäa?

....

Welche Art von Steuern mussten die Hebräer zahlen?

....

DER BERICHT DER WACHE

Öffne deine Bibel und lies Matthäus 28.
Beantworte die Fragen. Male das Bild aus.

1. Wer sagte den religiösen Führern, dass Jeschua weg war? (Vers 11)

....
....
....
....

2. Was gaben die religiösen Führer den Soldaten (Kriegsknechten), damit sie schwiegen? (Vers 12)

....
....
....
....

3. Was sagten die religiösen Führer den Soldaten, was sie über Jeschuas Verschwinden berichten sollten? (Vers 13)

....
....
....
....

Was ist ein Jünger?

Jeschua hatte zwölf Jünger. Sie hießen Simon Petrus, Andreas, Jakobus (Sohn des Zebedäus), Johannes, Philippus, Bartholomäus, Thomas, Matthäus, Jakobus (Sohn des Alphäus), Thaddäus, Simon der Zelot und Judas Ischariot. (Matthäus 10,1-4 und Lukas 6,12-16) Lasst uns lernen, was es bedeutet, ein Jünger zu sein.

Vor der Zeit Jeschuas war Jüngerschaft bereits eine gängige Sache innerhalb der hebräischen Kultur. Um ein Jünger zu werden, musste man zuerst den Beth Midrasch abschließen. Dies war der Ort, an dem Jungen im Alter von 13-15 Jahren den gesamten Tanach (Altes Testament) studierten, während sie das Familienhandwerk erlernten. Jungen, die den Beth Midrasch abgeschlossen hatten, wurden dann von einem Lehrer eingeladen, sein Schüler zu werden. Diese Schüler wurden als Talmidim bezeichnet und lernten alles von ihrem Lehrer. Sie aßen das gleiche Essen wie ihr Lehrer, sie lernten, den Sabbat so zu halten, wie ihr Lehrer den Sabbat hielt, und sie studierten die Thora genau so wie ihr Lehrer. Ein Schüler hatte vier Aufgaben: die Worte seines Lehrers auswendig zu lernen, die Traditionen und Auslegungen seines Lehrers zu lernen, seinen Lehrer nachzuahmen, und nachdem er vollständig ausgebildet war, würde er selbst ein Lehrer werden und seine eigenen Schüler unterrichten.

„Jeder Jünger, der vollendet ist, wird so sein wie sein Meister." (Lukas 6,40)

Ich ahme Jeschua täglich nach, indem ich...

....

....

....

....

Male den Jünger aus! ➡

DIE ZWÖLF JÜNGER

Lies Matthäus 4, 10, 14, 21, 28, Lukas 9, 22, und Johannes 13, 19.
Beantworte die folgenden Fragen.

1. Welcher Jünger war ein Zöllner? ....

2. Wer waren die ersten beiden Jünger, die berufen wurden? ....

3. Welcher Jünger versuchte, wie Jeschua auf dem Wasser zu gehen? ....

4. Nach welchem Mahl sangen die Jünger einen Lobgesang? ....

5. Welcher Jünger verriet Jeschua? ....

6. Welches Ereignis erlebten Petrus, Jakobus und Johannes mit Jeschua auf einem Berg? ....

7. Was tat Jeschua mit jedem Jünger während des letzten Abendmahls? ....

8. Welcher Jünger kümmerte sich um Maria nach Jeschuas Tod? ....

9. Was war Jeschuas letzter Auftrag an seine Jünger? ....

10. Jeschua schickte vor seinem Einzug in Jerusalem zwei Jünger los, um was zu holen? ....

JESCHUA IST AUFERSTANDEN!

Nach 1. Korinther 15,20.
Lies den Bibelvers, dann zeichne den Vers auf den folgenden Linien nach.

Nun aber ist Christus aus den Toten auferweckt, er ist der Erstling der Entschlafenen geworden.

Versuche diesen Satz nun selbst zu schreiben.

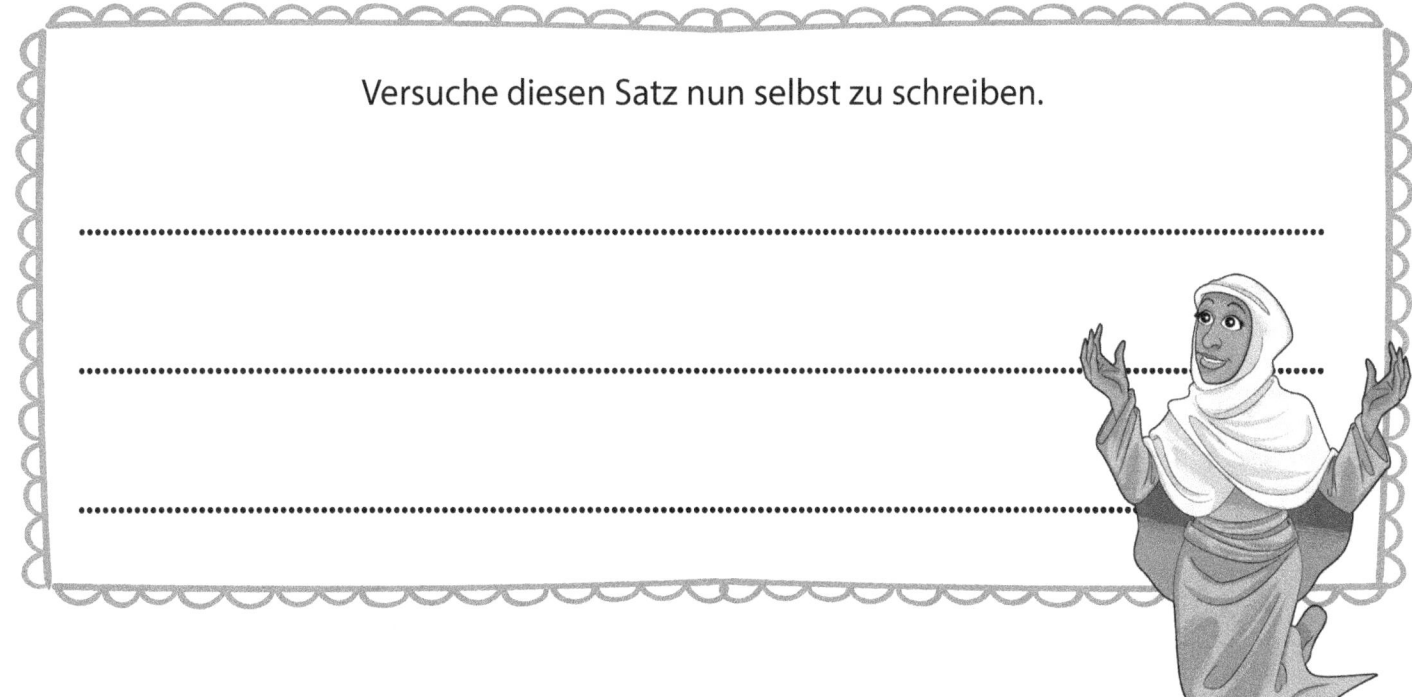

Stadt Jerusalem

Jerusalemer Abendblatt

FEST DER ERSTLINGSFRUCHT   HERAUSGEGEBEN VON BIBLE HISTORY

Maria berichtet! | Grabstätte leer vorgefunden!

.... | ....

.... | ....

.... | ....

.... | ....

.... |

Gerstenernte beginnt

WER WAR PONTIUS PILATUS?

Dieser Artikel stellt Pontius Pilatus vor. Denke beim Lesen darüber nach, was für ein Mensch der Mann war, der Jeschua zum Tode verurteilte. Beantworte die folgenden Fragen.

Pontius Pilatus

Zur Zeit von Jeschuas Tod war Pontius Pilatus der römische Statthalter von Judäa und Samaria. Seine Aufgabe war es, Steuern einzutreiben, Straßen zu bauen und diese Region des römischen Reiches zu regieren. Pilatus war kein beliebter Statthalter. In einem Brief von Agrippa I. wurde Pilatus harsches Verhalten, Stolz, Gewalt, Habgier, das Abhalten von Hinrichtungen ohne Prozess und schreckliche Grausamkeit vorgeworfen. Im Jahr 36 n. Chr., drei Jahre nachdem er Jeschua zum Tode verurteilt hatte, wurde Pilatus nach Rom zurückgerufen, um ihn wegen seines harten Umgangs bei einem Vorfall mit dem jüdischen Volk zu befragen. Einige Historiker behaupten, dass Pilatus später Selbstmord beging. Andere sagen, Kaiser Nero habe ihn hingerichtet. Eine andere Überlieferung besagt, dass er sich schließlich zu Jeschua bekannte und von Kaiser Tiberius hingerichtet wurde.

1961 fanden Archäologen einen Kalksteinblock in einem antiken römischen Amphitheater in der Nähe von Caesarea Maritima. Auf seiner Vorderseite befindet sich eine Inschrift als Teil einer größeren Widmung an Tiberius Caesar, die besagt, dass sie von „Pontius Pilatus, Präfekt von Judäa" stammt. Besucher von Caesarea sehen heute eine Nachbildung des Kalksteinblocks, da sich das Original im Israel-Museum in Jerusalem befindet.

Fragen:

Warum war Pilatus ein unbeliebter Statthalter?

....

Was haben Archäologen gefunden, das beweist, dass Pilatus einst Judäa regierte?

....

SCHAVUOT

Fünfzig Tage nach dem Tag, an dem die ersten Früchte der Gerstenernte vor Jah geschwenkt wurden, findet Schavuot oder der Pfingsttag statt. Schavuot ist eine von Jahs festgesetzten Zeiten und ist auch bekannt als das Fest der Wochen. Zu Jeschuas Zeit war es eine der drei festgesetzten Zeiten, zu denen die israelitischen Männer nach Jerusalem reisen mussten, um sie zu ehren.

Diese Zeit des Jahres markiert den Beginn der Weizenernte und das Ende der Gerstenernte. Schavuot markiert auch den Zeitpunkt, an dem den zwölf Stämmen Israels die Zehn Gebote auf dem Berg Sinai gegeben wurden. Und so wurde die Nation Israel gegründet. Petrus und die Jünger waren in Jerusalem, um das Fest Schavuot zu feiern, als Zungen wie von Feuer herabkamen, und viele Pilger verstanden, was die Jünger in ihrer eigenen Sprache sagten. Einige Bibelgelehrte glauben, dass diese Pilger Nachkommen der zehn Stämme Israels waren, die in der Fremde verstreut lebten.

Male den Israeliten aus!

„Danach sollt ihr euch vom Tag nach dem Sabbat, von dem Tag, da ihr die Webegarbe darbringt, sieben volle Wochen abzählen, bis zu dem Tag, der auf den siebten Sabbat folgt, nämlich 50 Tage sollt ihr zählen, und dann dem Herrn ein neues Speisopfer darbringen."
(3. Mose 23, 15-16)

Die zehn Gebote

DIE ZEHN GEBOTE

Lies 2. Mose 20.
Beantworte die folgenden Fragen

1. Wem hat Jah die Zehn Gebote gegeben? ....

2. Was ist das fünfte Gebot? ....

3. „Du sollst nicht töten" ist welches Gebot? ....

4. Worauf wurden die Zehn Gebote geschrieben? ....

5. Was ist das vierte Gebot? ....

6. Welches Gebot weist uns an, nicht zu lügen? ....

7. Welches Gebot verbietet das Stehlen? ....

8. Welches Gebot verbietet es, Götzen zu machen, um Jah zu verehren? ....

9. Wo hat Mose die Gebote von Jah erhalten? ....

10. Was ist das zehnte Gebot? ....

ALS ISRAELIT VERKLEIDEN

Die alten Israeliten trugen Kleidung wie Tuniken und Gewänder.
Lass uns eine Tunika machen! Bitte deine Eltern, dir dabei zu helfen.

Anleitung:

1. Eltern - messen Sie den Körper Ihres Kindes von Ellbogen zu Ellbogen und Knie zu Schulter.
2. Suchen Sie eine alte Decke oder ein Laken, das so groß ist wie Ihr Kind, und falten Sie es zur Hälfte.
3. Schneiden Sie in der Mitte der Falte einen Schlitz, der breit genug ist, damit der Kopf des Kindes hineinpasst.
4. Ziehen Sie die „Tunika" über den Kopf des Kindes. Binden Sie einen Gürtel oder ein Band aus Seil, Leder oder Stoff um die Taille des Kindes.

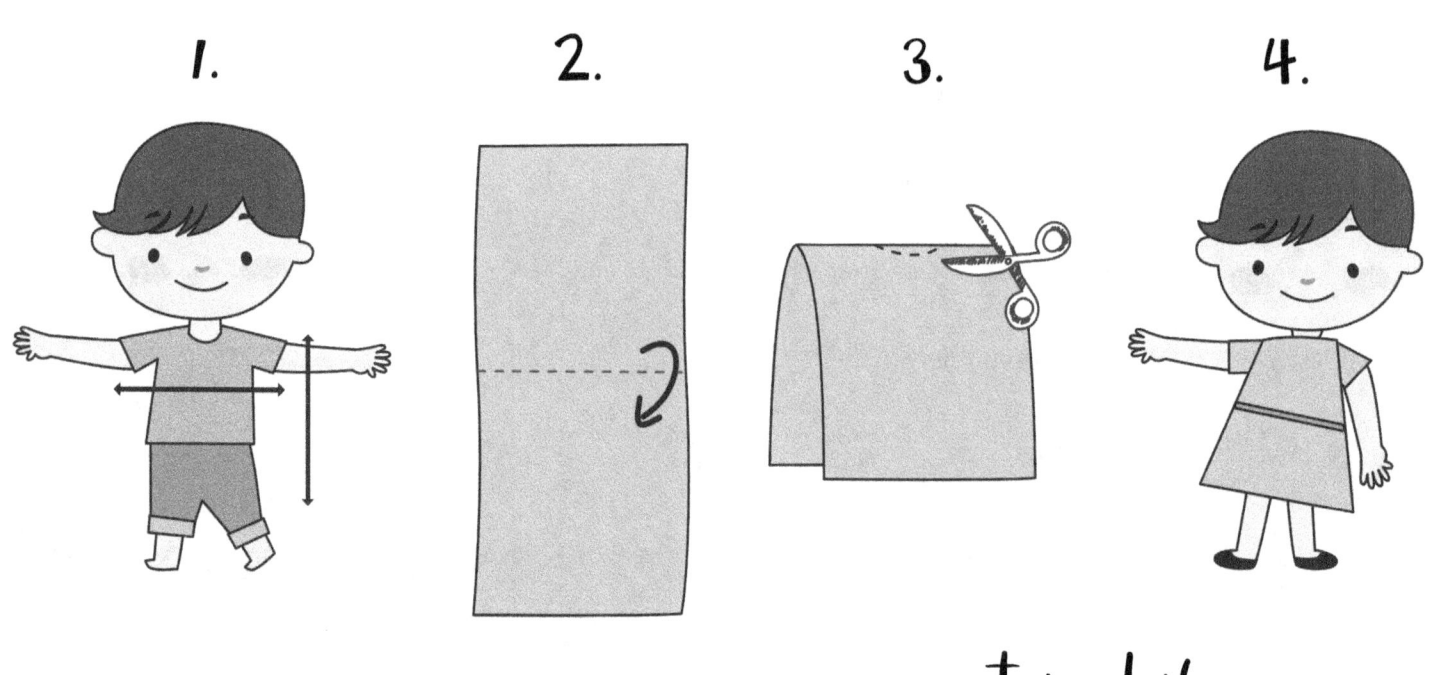

ta-da!

BERG SINAI

Öffne deine Bibel und lies 2. Mose 20,1-21.
Beantworte die Fragen. Male das Bild aus.

1. Welchen Tag sollen wir heilig halten? (Vers 8)

....
....
....
....

2. Wen sollen wir ehren? (Vers 12)

....
....
....
....

3. Warum wollten die Israeliten, dass Mose zu ihnen spricht? (Vers 19)

....
....
....
....

☆ SCHAVUOT ☆

Das hebräische Wort für Pfingsttag ist Schavuot. Zur Zeit Jeschuas kamen Israeliten aus verschiedenen Ländern nach Jerusalem, um dieses Fest zu feiern. Manche Menschen glauben, dass diese Israeliten zu den zehn „verlorenen" Stämmen Israels gehörten, die Jah vor vielen Jahren über die ganze Erde verstreut hatte.

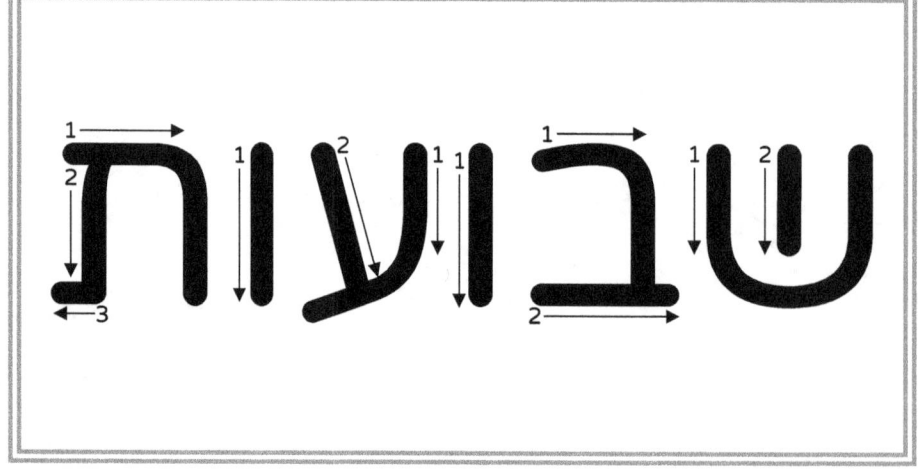

LASST UNS SCHREIBEN!

Übe das Schreiben von „Schavuot" auf den Zeilen unten.

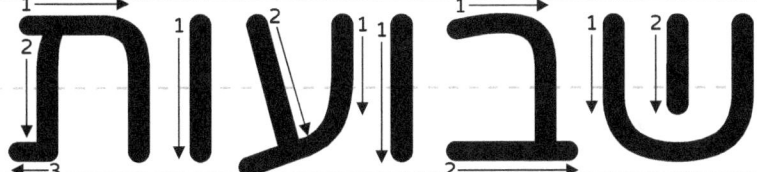

שבועות

Probiere es nun selbst.
Denke daran, dass die hebräische Sprache von RECHTS nach LINKS gelesen wird.

BERG SINAI

Viele Menschen glauben, dass der Berg Sinai auf der Halbinsel Sinai in Ägypten liegt. Aber es gibt keine biblischen oder archäologischen Beweise, die diesen Ort als den biblischen Berg Sinai belegen. Lass uns einen genaueren Blick darauf werfen und sehen, zu welchem Schluss du kommst. Lies den Artikel und beantworte die Fragen auf der nächsten Seite.

Berg Sinai

Wusstest du, dass in der Bibel steht, dass der Berg Sinai in Arabien liegt, nicht im Land Ägypten (Galater 4,25)? Vor kurzem haben Archäologen eine Stelle entdeckt, die auf den Dschabal al-Lauz in Saudi-Arabien als Ort des biblischen Berges Sinai hinweist. Dieser Berg befindet sich im Nordwesten Saudi-Arabiens in der Nähe der Küste des Golfs von Akaba. Eine Luftbildkarte zeigt den Berg in einer fast halbkreisartigen Form, die eine Fläche von 5.000 Hektar umfasst. Im Gegensatz zu anderen Bergen in der Nähe, ist die gesamte Spitze des Dschabal al-Lauz geschwärzt (2. Mose 19,18). An der Oberfläche des Dschabal al-Lauz gibt es Hinweise auf einen alten Bach. In der Bibel steht, dass Mose, als er das goldene Kalb zerstörte, „seinen Staub in den Bach [warf], der von dem Berg herabfließt" (5. Mose 9,21). Im Jahr 1985 fanden Archäologen viele große Steinsäulen (oder Brunnen) in der Nähe, die eine Linie entlang eines antiken „See"-Bereichs bildeten, der an den heiligen Bezirk grenzte. Waren diese Brunnen und der See Teil eines Wasserversorgungssystems, das geschaffen wurde, um die Israeliten mit frischem Wasser zu versorgen?

In der Bibel steht: „Mose… errichtete einen Altar unten am Berg und zwölf Gedenksteine für die zwölf Stämme Israels" (2. Mose 24,4). Am Fuße des Dschabal al-Lauz fanden Archäologen einen Altar, der dem im 2. Buch Mose erwähnten Altar aus „unbehauenem" Stein ähnelte (2. Mose 20,25; 24,4). Neben dem Altar befand sich eine „L"-förmige Struktur mit etwa ein Meter dicken Wänden. War dies der Bereich, in dem Tiere getötet wurden, bevor sie als Brandopfer dargebracht wurden? In der Nähe fanden die Archäologen zwölf große Granitblöcke, die etwa zwei Meter breit und drei Meter hoch waren. Ungefähr 2 Kilometer entfernt vom heiligen Bezirk entdeckten Archäologen einen großen Steinaltar mit Inschriften ägyptischer Tierfruchtbarkeitsgötter. Wenn die Israeliten Urheber dieser Inschriften waren, dann macht es Sinn, dass sie ägyptische Götter darstellten, da sie in Ägypten gelebt hatten.

Hausaufgabe

Ziel: Die Lage des biblischen Berges Sinai verstehen.
Lies die Fragen und schreibe deine Antworten in die Zeilen darunter.

Schaue dir einen Atlas an. Wo liegt Saudi-Arabien?

....

....

Lies die Passage auf der vorherigen Seite und recherchiere auch selbst.
Welche Beweise haben Archäologen gefunden, die auf den
Dschabal al-Lauz als den biblischen Berg Sinai hinweisen?

....

....

Was denkst du?
Ist Dschabal al-Lauz der biblische Berg Sinai?

....

....

ZWÖLF STÄMME ISRAELS

Lies 3. Mose 23,15-22. Jah bat das Haus Israel, Schavuot für immer zu ehren. Im Haus Israel gibt es zwölf Stämme. Der Hohepriester trägt ein Brustschild mit zwölf Edelsteinen, jeder Stein steht für einen der Stämme Israels. Male das Bild aus.

SCHAVUOT

Lies 2. Mose 19-20, 3. Mose 23,
5. Mose 16 und Apostelgeschichte 2-3.
Beantworte die folgenden Fragen.

1. Von welchem Berg aus hat Jah seine Gebote gegeben? ....

2. Wie lange blieb Mose auf dem Berg, um die Gebote zu empfangen? ....

3. Wie viele Stämme lagerten am Fuße des Berges? ....

4. Was ist das vierte Gebot? ....

5. Was ist das fünfte Gebot? ....

6. Welches Geräusch hörten die Jünger in Apostelgeschichte 2, als sie im Tempel ankamen? ....

7. Was hörten die Menschen, als die Jünger begannen, zu ihnen zu sprechen? ....

8. Welcher Jünger sprach zu den Menschen über Jeschua? ....

9. Wie viele Menschen taten an diesem Tag Buße und ließen sich taufen (Apostelgeschichte 2,41)? ....

10. Wie viele Tage nachdem Jeschua in den Himmel aufgestiegen war, feierten die Jünger Schavuot? ....

LÜCKENTEXT

Lies Apostelgeschichte 2,1-11. Fülle die Lücken aus.

„Und als der Tag der .... sich erfüllte, waren sie alle einmütig beisammen. Und es entstand plötzlich vom Himmel her ein Brausen wie von einem daherfahrenden gewaltigen .... und erfüllte das ganze Haus, in dem sie saßen. Und es erschienen ihnen Zungen wie von ...., die sich zerteilten und sich auf jeden von ihnen setzten. Und sie wurden alle vom .... erfüllt und fingen an, in anderen .... zu reden, wie der Geist es ihnen auszusprechen gab. Es wohnten aber in Jerusalem Juden, gottesfürchtige Männer aus allen .... unter dem Himmel. Als nun dieses Getöse entstand, kam die Menge zusammen und wurde bestürzt; denn jeder .... sie in seiner eigenen Sprache reden. Sie entsetzten sich aber alle, verwunderten sich und sprachen zueinander: Siehe, sind diese, die da reden, nicht alle ....? Wieso hören wir sie dann jeder in unserer eigenen Sprache, in der wir geboren wurden? .... und Meder und Elamiter und wir Bewohner von ...., Judäa und Kappadocien, Pontus und Asia; Phrygien und Pamphylien, ... und von den Gegenden Libyens bei Kyrene, und die hier weilenden Römer, Juden und Proselyten, Kreter und .... – wir hören sie in unseren Sprachen die großen Taten Gottes verkünden!"

PFINGSTEN	SPRACHEN	PARTHER
WIND	HEIDENVÖLKERN	MESOPOTAMIEN
FEUER	HÖRTE	ÄGYPTEN
HEILIGEN GEIST	GALILÄER	ARABER

Schavuot

Wenn der Pfingsttag ein Buch wäre, würde der Einband so aussehen…

Stell dir vor, du bist ein Parther, der Jerusalem besucht. Was würdest du denken, wenn du die Apostel in deiner eigenen Sprache sprechen hörst?

Zeichne ein Bild von Mose, der die Zehn Gebote erhält.

Wenn du plötzlich in der Lage wärst, jede Sprache zu verstehen, wie würde sich dein Leben verändern?

DIE ISRAELITEN

Am Pfingsttag waren Männer aus vielen Nationen in Jerusalem. Die Straßen der Stadt waren überfüllt mit Pilgern. Einige Bibelforscher glauben, dass diese Pilger von den zehn Stämmen Israels kamen, die Jah unter den Nationen verstreut hatte. Lies Apostelgeschichte 2,1-3. Schreibe zehn Nationalitäten in die Kästchen unten. Male den Pilger aus.

PILGERREISE NACH JERUSALEM

Der Pfingsttag war ein großes Erntefest.
Hilf den Pilgern, nach Jerusalem zu kommen, um Schavuot im Tempel zu feiern.

MEIN REISETAGEBUCH

Stell dir vor, du bist ein Parther, der Jerusalem besucht, um den Pfingsttag zu feiern. Was hast du gesehen? Berichte in deinem Tagebuch über deinen Besuch.

Ich habe gelernt...

Ich hörte...

Das Beste, was ich gegessen habe...

Das Seltsamste, was ich gesehen habe, war...

Ich fand...

SCHAVUOT

Lies Apostelgeschichte 2,1-38 (Schlachter-Bibel). Fülle das Kreuzworträtsel aus.

WAAGERECHT

3) Dieser Apostel forderte die Menschen in Israel auf, Buße zu tun. (Apostelgeschichte 2,38)
5) Nach Jerusalem kamen Männer aus _____, Kappadozien, Pontus und Asia... (Apostelgeschichte 2,9)
8) Am Pfingsttag kamen Männer aus allen _____. (Apostelgeschichte 2,5)
9) Die Männer waren verwundert und sagten zueinander: „Seht, sind diese, die da reden, nicht alle _____." (Apostelgeschichte 2,7)
10) „Wir hören sie in unseren Sprachen die großen Taten _____ verkünden." (Apostelgeschichte 2,11)

SENKRECHT

1) Der Tempel war in dieser Stadt.
2) Das Volk war verwirrt, denn jeder hörte die Apostel in seiner eigenen _____ reden. (Apostelgeschichte 2,6)
4) Die Apostel wurden von ihm erfüllt und fingen an, in anderen Sprachen zu reden. (Apostelgeschichte 2,4)
6) Plötzlich kam ein Brausen vom Himmel, wie ein gewaltiger _____. (Apostelgeschichte 2,2)
7) Zungen wie von _____ ließen sich auf jeden Apostel nieder. (Apostelgeschichte 2,3)

„…vom Himmel her ein Brausen wie von einem daherfahrenden gewaltigen Wind…"

(Apostelgeschichte 2,2)

Der Heilige Geist

Lies Johannes 16,8. Die Rolle des Heiligen Geistes ist…

Lies 1. Johannes 3,4. Die Bibel besagt, dass Sünde…

Die Frucht des Heiligen Geistes in meinem Leben ist…

Lies 5. Mose 6,24-25. Wir sind gerecht, wenn wir…

Stadt Jerusalem

Jerusalemer Abendblatt

APOSTELGESCHICHTE 2   PFINGSTEN   HERAUSGEGEBEN VON BIBLE HISTORY

Tag der Anbetung

....

....

....

....

....

Ankunft der Pilger!

Israeliten feiern Schavuot

....

....

....

ZWÖLF STÄMME ISRAELS

Nachdem sie das Land Kanaan erobert hatten, teilten Josua und die Israeliten das Land unter den zwölf Stämmen Israels auf. Später kamen die Israeliten jedes Jahr nach Jerusalem, um Schavuot zu feiern. Benutze einen historischen Atlas und schreibe den Namen jedes Stammes innerhalb der richtigen Grenze auf die Karte.

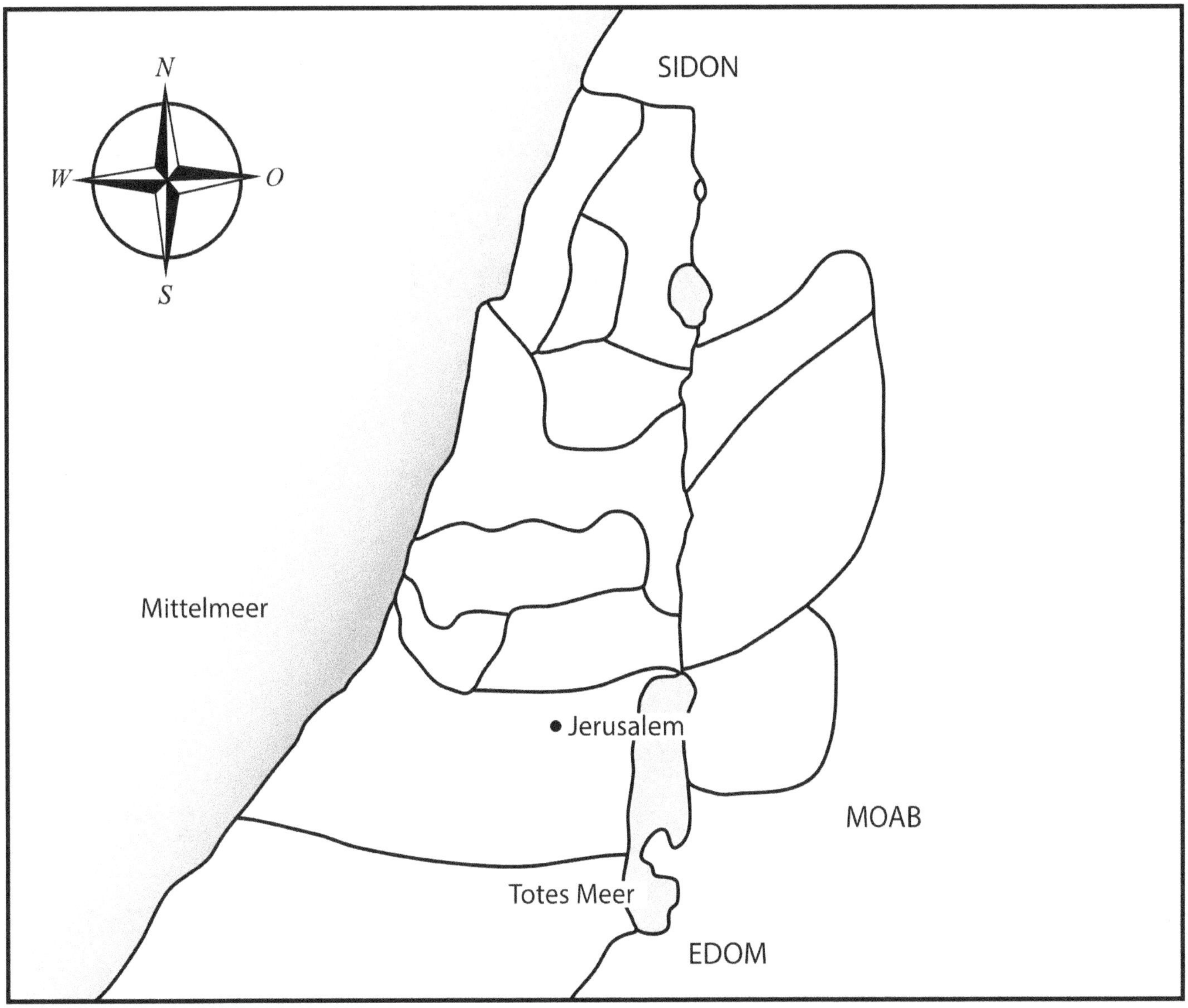

SIMEON	GAD	ISSASCHAR	MANASSE
JUDA	DAN	SEBULON	EPHRAIM
RUBEN	ASSER	NAPHTALI	BENJAMIN

Petrus

Lies Apostelgeschichte 2,14-41 und schreibe eine Zusammenfassung von Petrus' Rede.

....

....

....

1. Zu wem sprach Petrus?

....

....

2. Wen hat Jah auferweckt?

....

....

3. Was sagte Petrus den Männern in Apostelgeschichte 2,38, was sie tun sollen?

....

....

Zeichne eine Szene aus dieser Bibelstelle.

Was könnte ich aus dem Leben von Petrus lernen?	Jah benutzte Petrus, um...
....	....
....	....

SCHAVUOT

Lies 2. Mose 20 und Apostelgeschichte 1-3.
Finde die Wörter aus der Liste unten und kreise sie ein.

```
F H S I U P W A Q J U F D C I B
E E V C S B N Z P M J B O V C E
S I P H H R C M G S O F E U O R
T L O I E A A Y B R J S R Z E G
G I Y G L P V E T P V U E G X S
E G P E S G P U L H Y H T Y J I
S E C W F W E F O I E E H J A N
E R Z U B U T R I T T G M J H A
T G I S K J E L R N I E O W W I
Z E H Q Q R M D Z E G C N P E B
T I I W P F P B V P I S O N H W
E S B P R I E S T E R S H M J
Z T H O R A L G G M J S E E R P
E H P X Q T A P O S T E L G N Z
I S P R A C H E N N E R N T E L
T R N J J E R U S A L E M J T O
```

SCHAVUOT	BERG SINAI	TEMPEL	PRIESTER
APOSTEL	SPRACHEN	JAHWEH	PFINGSTEN
PILGERREISE	THORA	ISRAELITEN	MOSE
HEILIGER GEIST	ERNTE	JERUSALEM	FESTGESETZTE ZEIT

Wie viele Menschen wurden an Schavuot getauft?

Entwirre die Wörter, um die Antwort zu finden.
Tipp: Lies Apostelgeschichte 2,41 (Schlachter-Bibel).

eeeDijignn, die unn gletwliibrei

_____

iesn tWro nnmehaan, ileßen

_____

chis nfutae, ndu se weunrd an

_____

ejmne Tag awet idtesadeurn

_____

elSeen auiethznng.

_____

Zusätzliche Aktivitäten

PLAGE DES BLUTES!

Öffne deine Bibel und lies 2. Mose 7,1-25. Beschreibe die Blutplage in eigenen Worten. Male das Bild unten auf der Seite aus.

PLAGE DER FRÖSCHE!

Schlage deine Bibel auf und lies 2. Mose 8,1-15. Beschreibe die Froschplage in eigenen Worten. Male das Bild unten auf der Seite aus.

PLAGE DER MÜCKEN!

Schlage deine Bibel auf und lies 2. Mose 8,16-19. Beschreibe die Mückenplage in eigenen Worten. Male das Bild unten auf der Seite aus.

PLAGE DER FLIEGEN!

Schlage deine Bibel auf und lies 2. Mose 8,20-32. Beschreibe die Fliegenplage in eigenen Worten. Male das Bild unten auf der Seite aus.

DAS ÄGYPTISCHE VIEH STIRBT!

Schlage deine Bibel auf und lies 2. Mose 9,1-7. Beschreibe die Viehseuche in eigenen Worten. Male das Bild unten auf der Seite aus.

PLAGE DER GESCHWÜRE!

Schlage deine Bibel auf und lies 2. Mose 9,8-12. Beschreibe die Plage der Geschwüre in eigenen Worten. Male das Bild unten auf der Seite aus.

PLAGE DES HAGELS!

Schlage deine Bibel auf und lies 2. Mose 9,22-26. Beschreibe die Hagelplage in eigenen Worten. Male das Bild unten auf der Seite aus.

....

....

....

....

....

....

....

PLAGE DER HEUSCHRECKEN!

Schlage deine Bibel auf und lies 2. Mose 10,12-20. Beschreibe die Heuschreckenplage in eigenen Worten. Male das Bild unten auf der Seite aus.

PLAGE DER FINSTERNIS!

Schlage deine Bibel auf und lies 2. Mose 10,21-29. Beschreibe die Plage der Finsternis in eigenen Worten. Male das Bild unten auf der Seite aus.

TOD DER ERSTGEBORENEN!

Schlage deine Bibel auf und lies 2. Mose 11-12. Beschreibe den Tod der Erstgeborenen in eigenen Worten. Male das Bild unten auf der Seite aus.

HANDWERK & PROJEKTE

Ein Pappteller-Lamm basteln

Du benötigst:
1. Pappteller
2. Weiße Wattebällchen
3. Schwarzes Bastelpapier
4. Bastelaugen
5. Schulkleber

Vorbereitung:
Schneide das Schafsgesicht, die Beine und die Ohren aus der Vorlage auf der nächsten Seite aus.

Anleitung:

1. Bestreiche einen Pappteller mit Schulkleber.
2. Bedecke den Schulkleber mit weißen Wattebällchen.
3. Setze das Gesicht des Schafes aus der Vorlage und den Bastelaugen zusammen. (Lasse dir evtl. von einem Erwachsenen helfen)
4. Klebe den Kopf und die Beine des Schafs auf den Wattekörper.

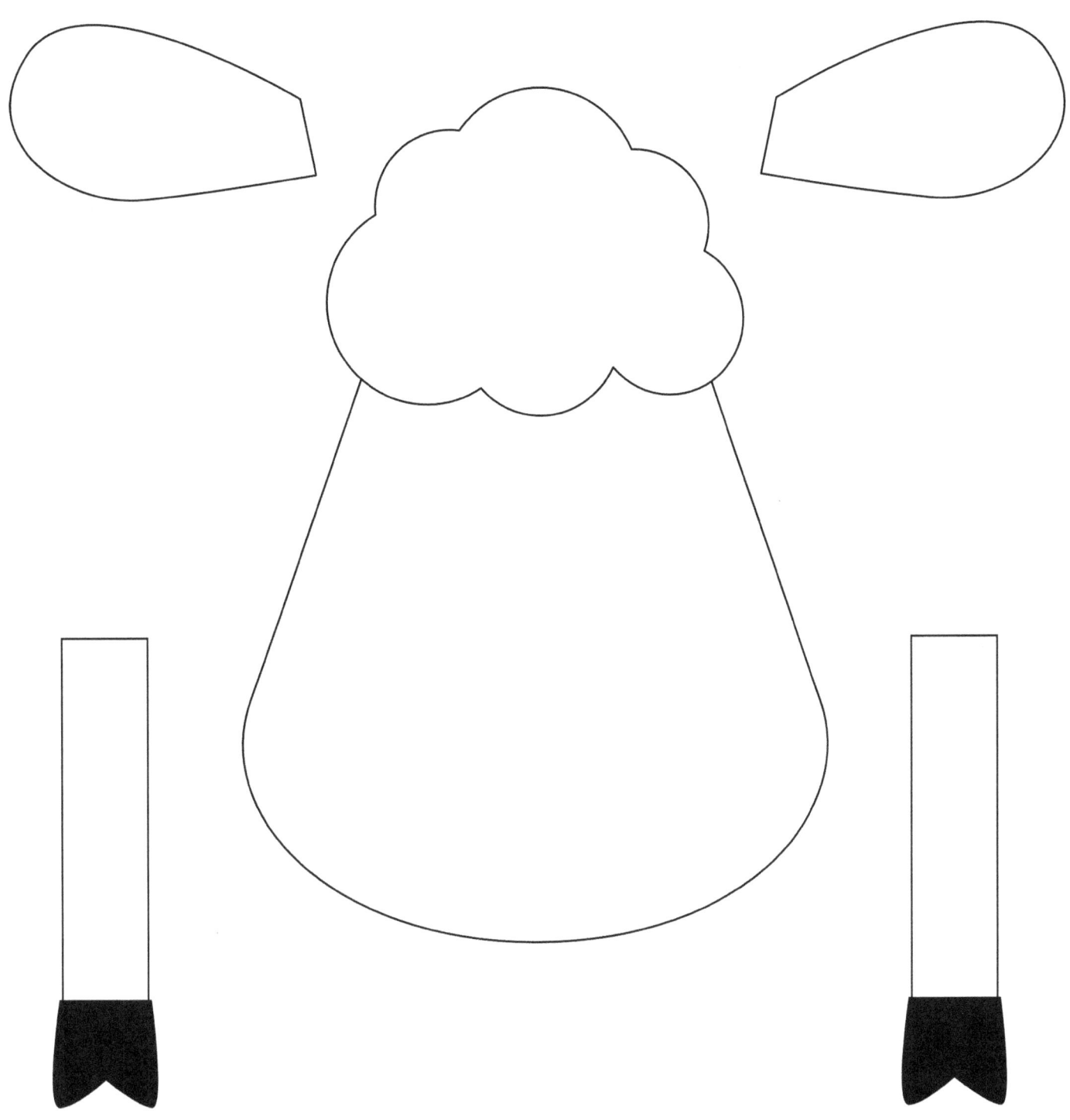

GARTEN VON GETHSEMANE

Bevor Jeschua starb, verweilte er mit seinen Jüngern im Garten.
Färbe Jeschua und die Jünger und schneide sie aus. Lege sie in den Garten.

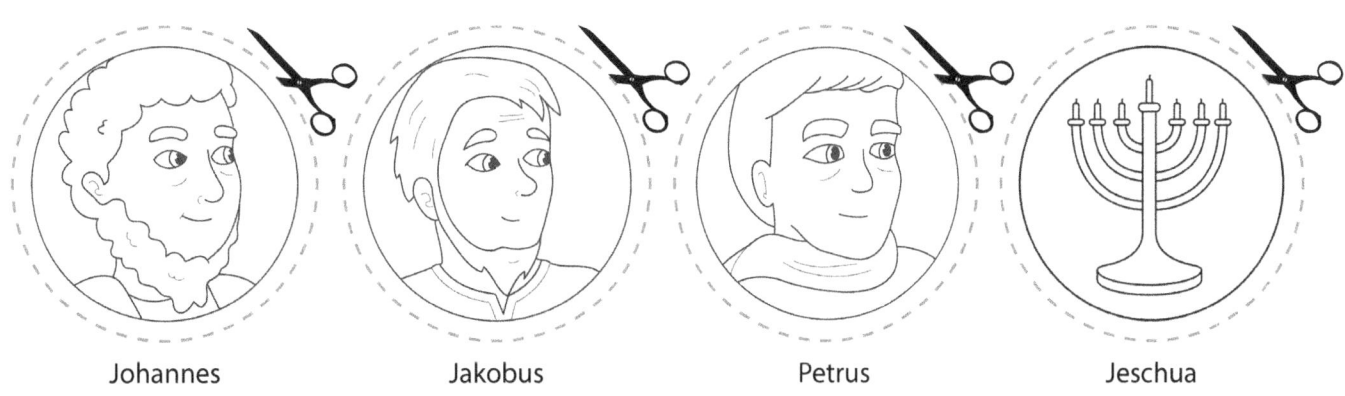

Johannes | Jakobus | Petrus | Jeschua

WER HAT ES GESAGT?

Lies Lukas 23, Matthäus 26 und Johannes 19. Färbe jede Bibelfigur und schneide sie aus. Ordne das Zitat der Person zu, die es gesagt hat.

1. „Vater, vergib ihnen, denn sie wissen nicht, was sie tun!"
- Lukas 23,34

2. „Ich beschwöre dich bei dem lebendigen Gott, dass du uns sagst, ob du der Christus bist, der Sohn Gottes!"
- Matthäus 26,63

3. „Ich kenne den Menschen nicht."
- Matthäus 26,72

4. „Nehmt ihr ihn hin und kreuzigt ihn! Denn ich finde keine Schuld an ihm"
- Johannes 19,6

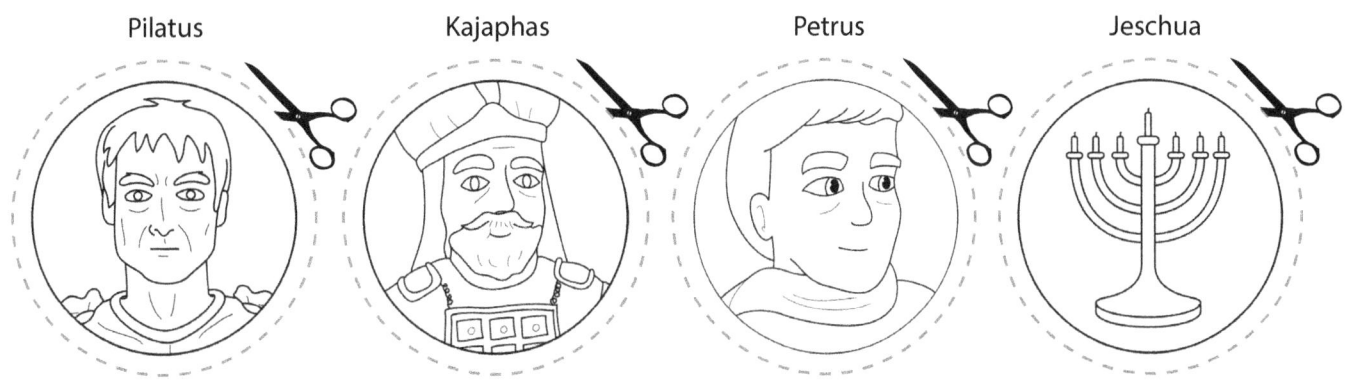

Pilatus   Kajaphas   Petrus   Jeschua

Was gehört in den Tempel?

Du brauchst:
1. Schere (nur für Erwachsene)
2. Buntstifte, Filzstifte oder farbige Bleistifte
3. Schulkleber

Anleitung:

1. Schneide die Vorlage auf der nächsten Seite aus.
2. Färbe die Gegenstände aus dem Tempel auf der folgenden Seite und schneide sie aus. Klebe jeden Gegenstand in das richtige Feld auf der Vorlage.

1.

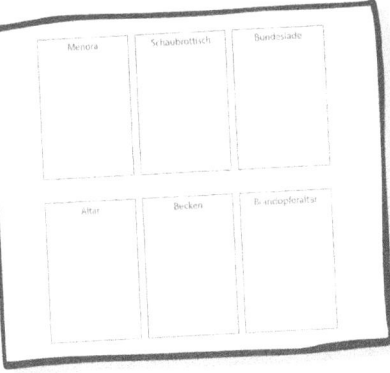

2.

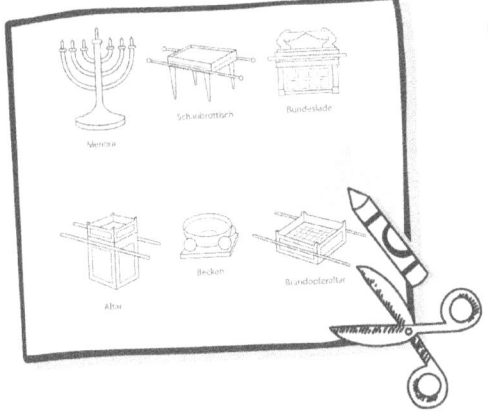

3.

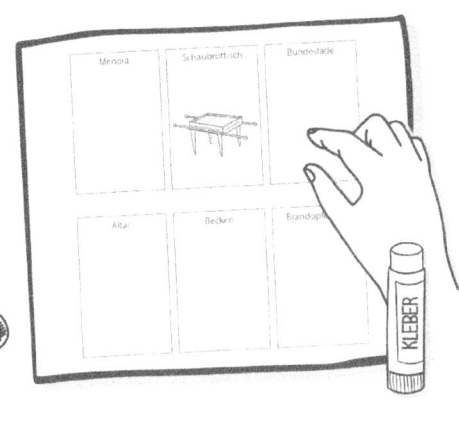

ta-da!

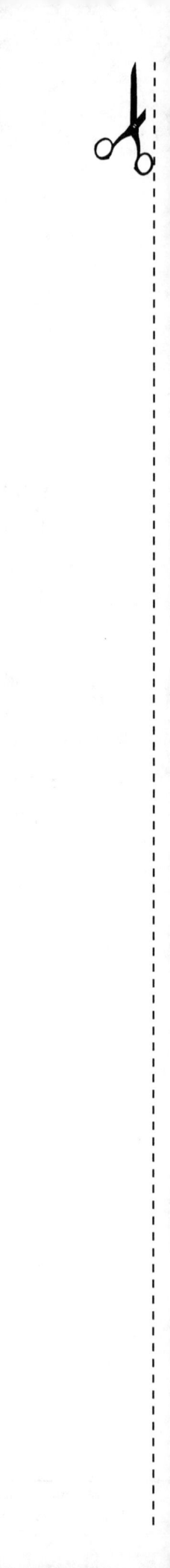

| Menora | Schaubrottisch | Bundeslade |
| Altar | Becken | Brandopferaltar |

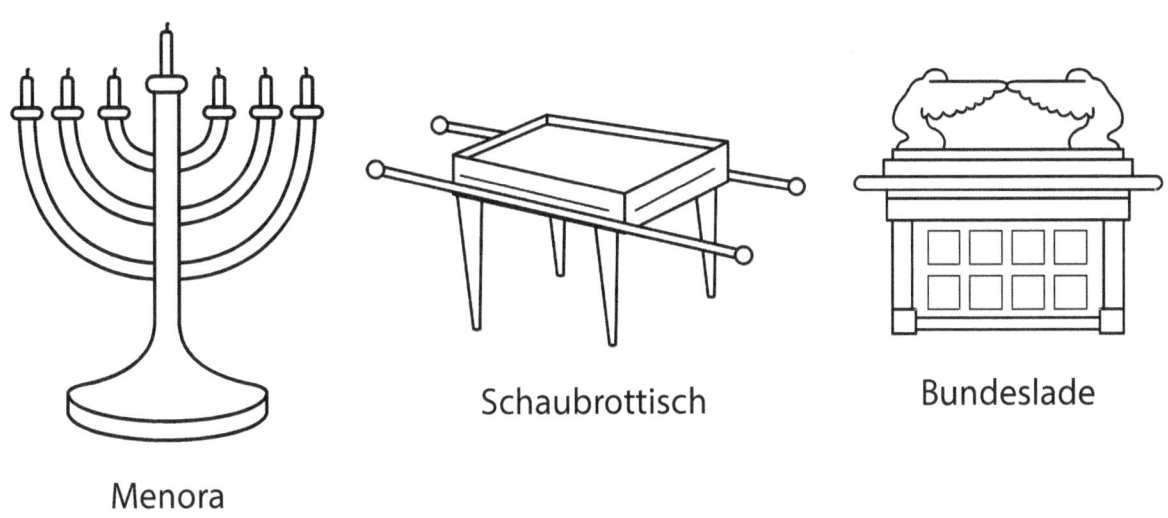
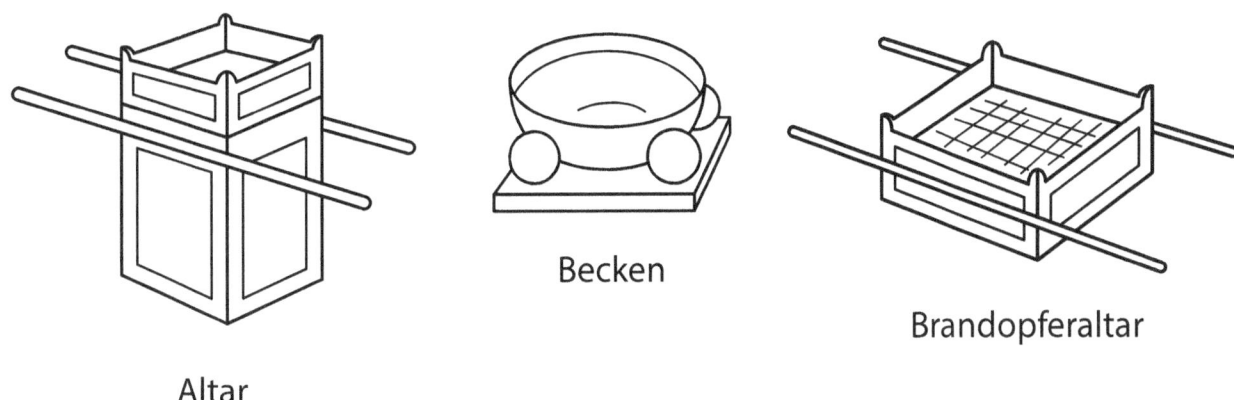

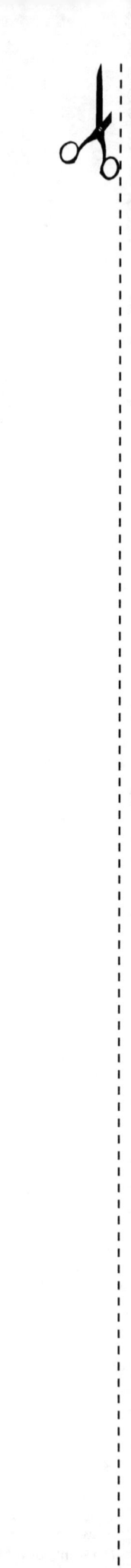

Eine Pappteller-Grabstätte basteln

Du brauchst:
1. Zwei dicke Styropor- oder Pappteller (verwende die robuste Art mit einer „Lippe")
2. Dickes Kartonpapier
3. Graue Farbe oder Buntstifte
4. Die Bibelfiguren von Jeschua und dem Engel (siehe nächste Seite)
5. Schere (nur für Erwachsene)
6. Extrastarke Klebestifte oder Schulkleber

Vorbereitung:
Drucke die Bibelfiguren von Jeschua und dem Engel aus. Mache Kopien auf dickem Kartonpapier und schneide die Figuren aus.

Anleitung:

1. Schneide den unteren Teil der beiden Pappteller ab, so dass sie stehen können.
2. Male die Pappteller grau aus. Denke daran, die Vorder- und Rückseite zu bemalen!
3. Während die Pappteller trocknen, male Jeschua und den Engel aus.
4. Schneide einen Eingang auf einem Pappteller aus. Klebe beide Pappteller zusammen, um ein Grab zu bilden.
5. Klebe deinen Jeschua und den Engel aus Pappe auf das Grabmal.

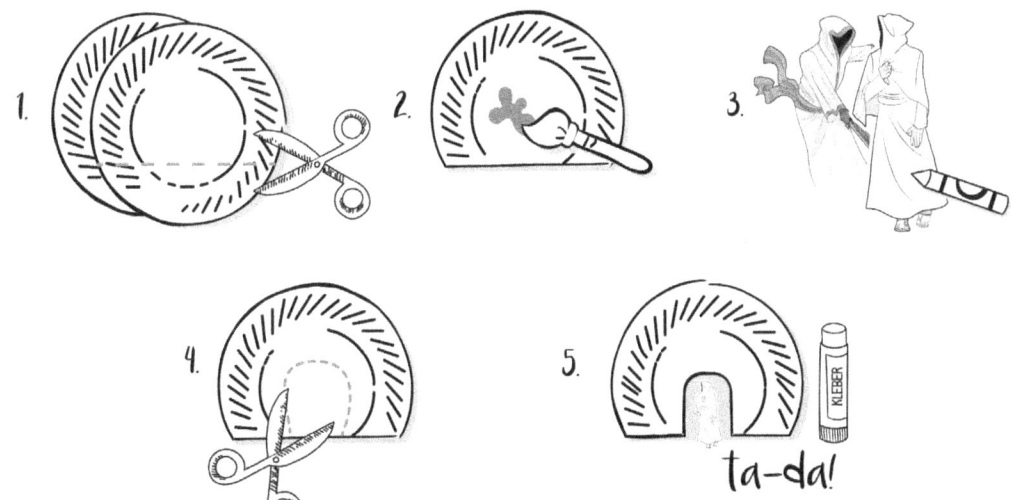

Bibelfiguren: Jeschua und der Engel.

Anleitung:
Das Bastelspiel besteht aus zwei Teilen
1. Zehn Gebote
2. Zwei Tafeln

Du brauchst:
1. Graue Farbe oder Buntstifte
2. Filzstifte, Buntstifte oder Malstifte
3. Eine Schere (nur für Erwachsene)
4. Extrastarke Klebestifte oder Schulkleber

Anleitung:

1. Schneide die Kreise mit den zehn Geboten aus. Male die Kreise der zehn Gebote aus.
2. Schneide die beiden Seiten mit den Tafeln aus.
3. Schneide jedes Gebot um die gestrichelten Linien herum aus.
4. Klebe die Tafeln zusammen, indem du den Kleber entlang der „Hier kleben"-Lasche aufträgst und sie miteinander verklebst.
5. Klebe die Gebote in numerischer Reihenfolge auf die beiden Steintafeln - fünf auf jeder Seite.

ICH BIN DER HERR, DEIN GOTT

DU SOLLST KEINE ANDEREN GÖTTER HABEN NEBEN MIR

DU SOLLST DEN NAMEN GOTTES NICHT MISSBRAUCHEN

DU SOLLST DEN SABBAT HEILIGEN

EHRE DEINEN VATER UND DEINE MUTTER

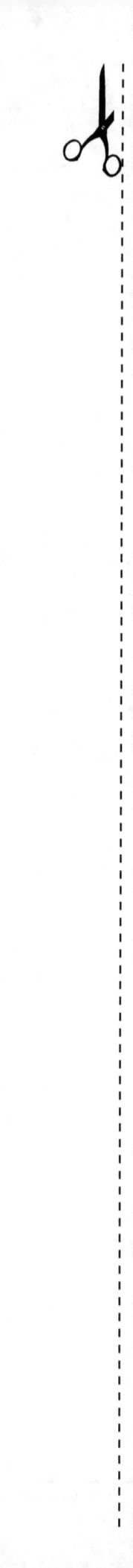

DU SOLLST NICHT TÖTEN

DU SOLLST NICHT EHEBRECHEN

DU SOLLST NICHT STEHLEN

DU SOLLST NICHT FALSCH ZEUGNIS REDEN GEGEN DEINEN NÄCHSTEN

DU SOLLST NICHT BEGEHREN DEINES NÄCHSTEN HAUS

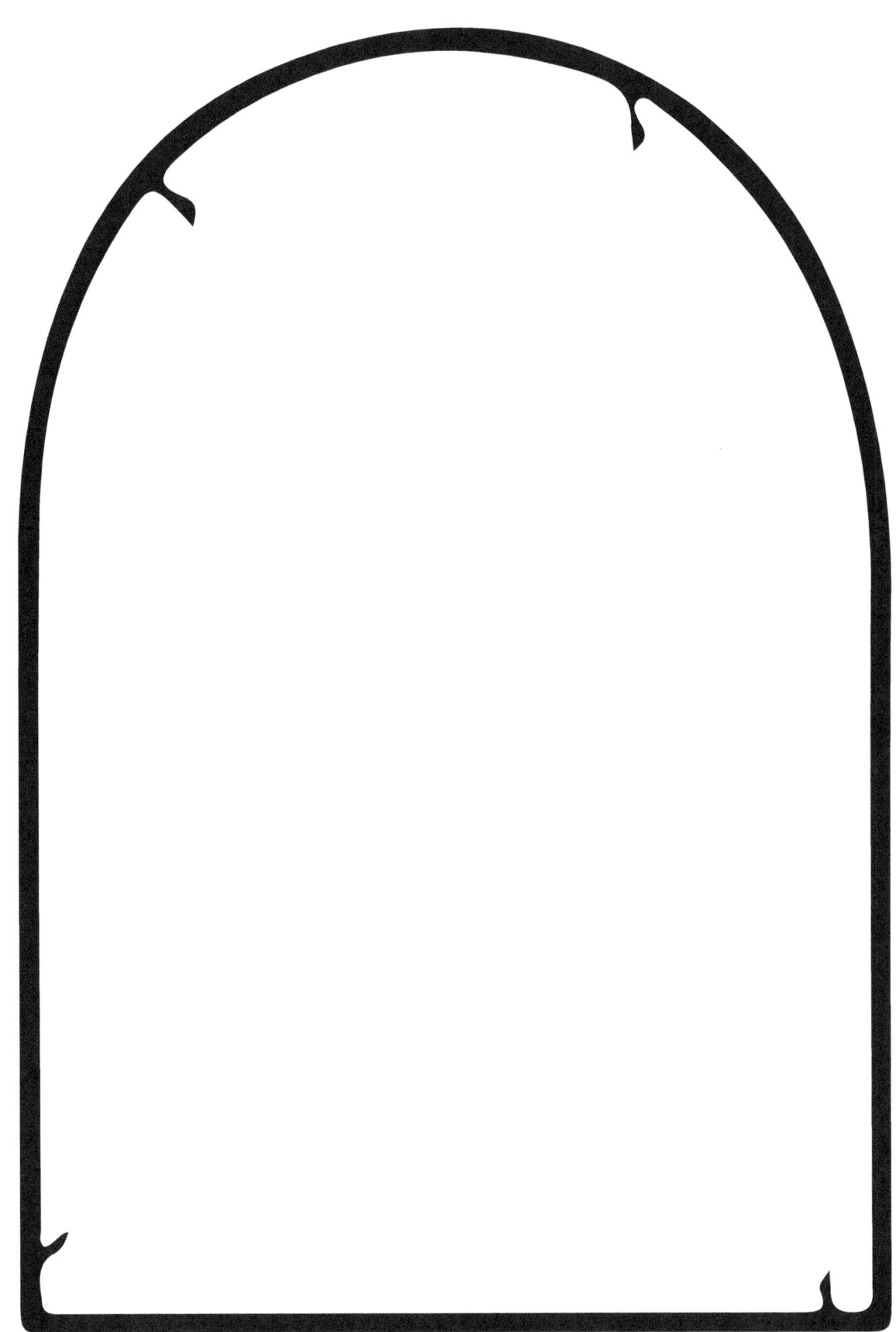

Hier kleben

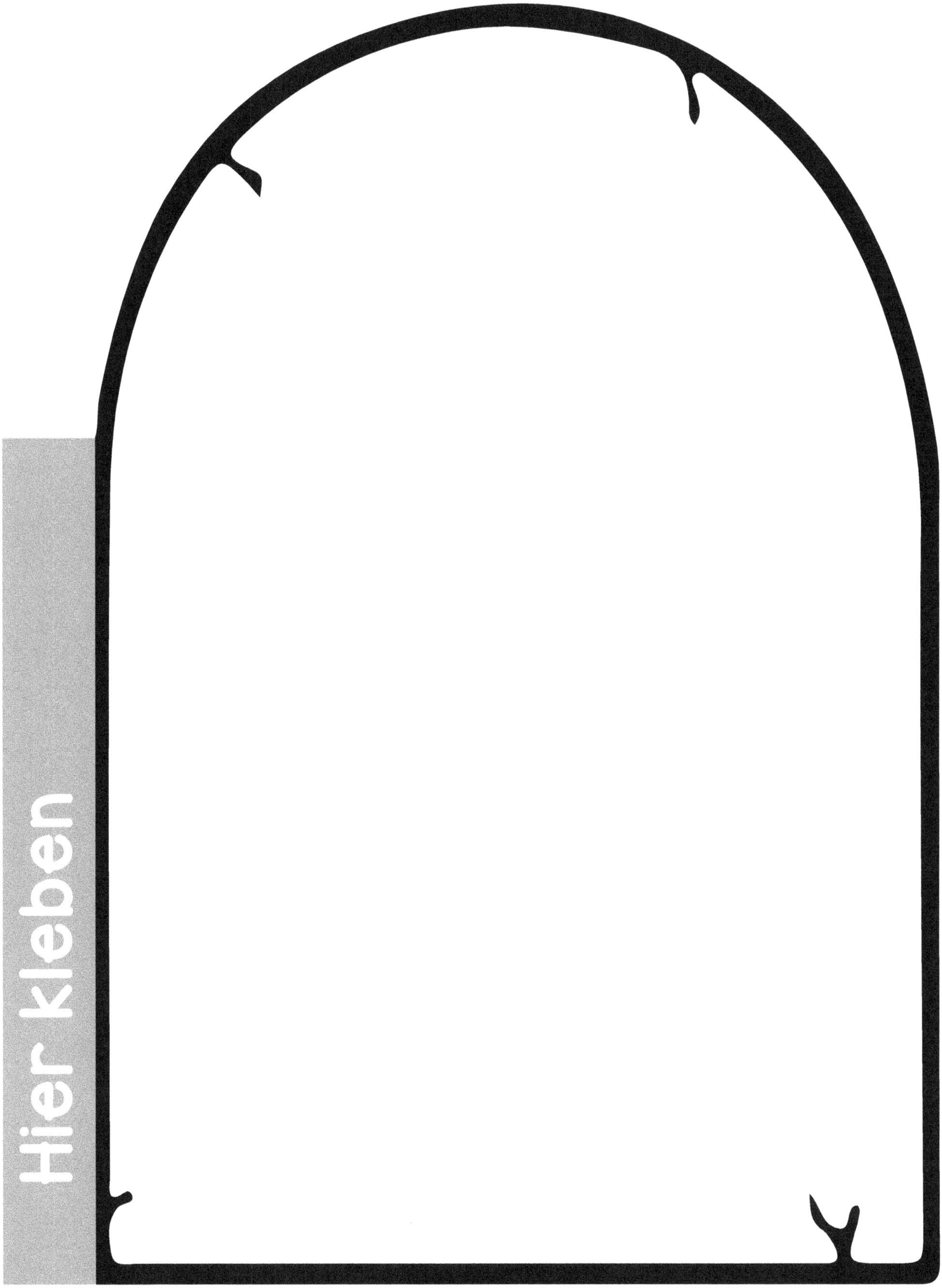

SCHAVUOT IN JERUSALEM

An Schavuot versammelten sich Petrus, die Jünger und Israeliten aus Orten wie Mesopotamien und Parthien, um diese festgesetzte Zeit zu ehren. Färbe die Figuren und schneide sie aus. Platziere sie im Tempel.

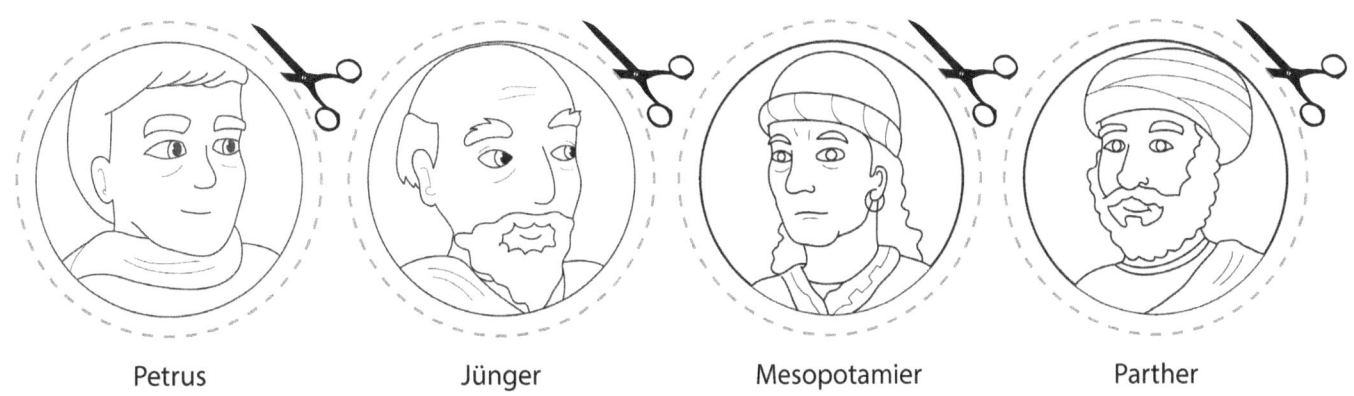

Petrus · Jünger · Mesopotamier · Parther

SCHAVUOT

Lies 3. Mose 23 und Apostelgeschichte 2. Besprich, wie die Bilder unten mit Schavuot zusammenhängen. Schneide die Wörter unten auf der Seite aus. Ordne sie den richtigen Bildern zu.

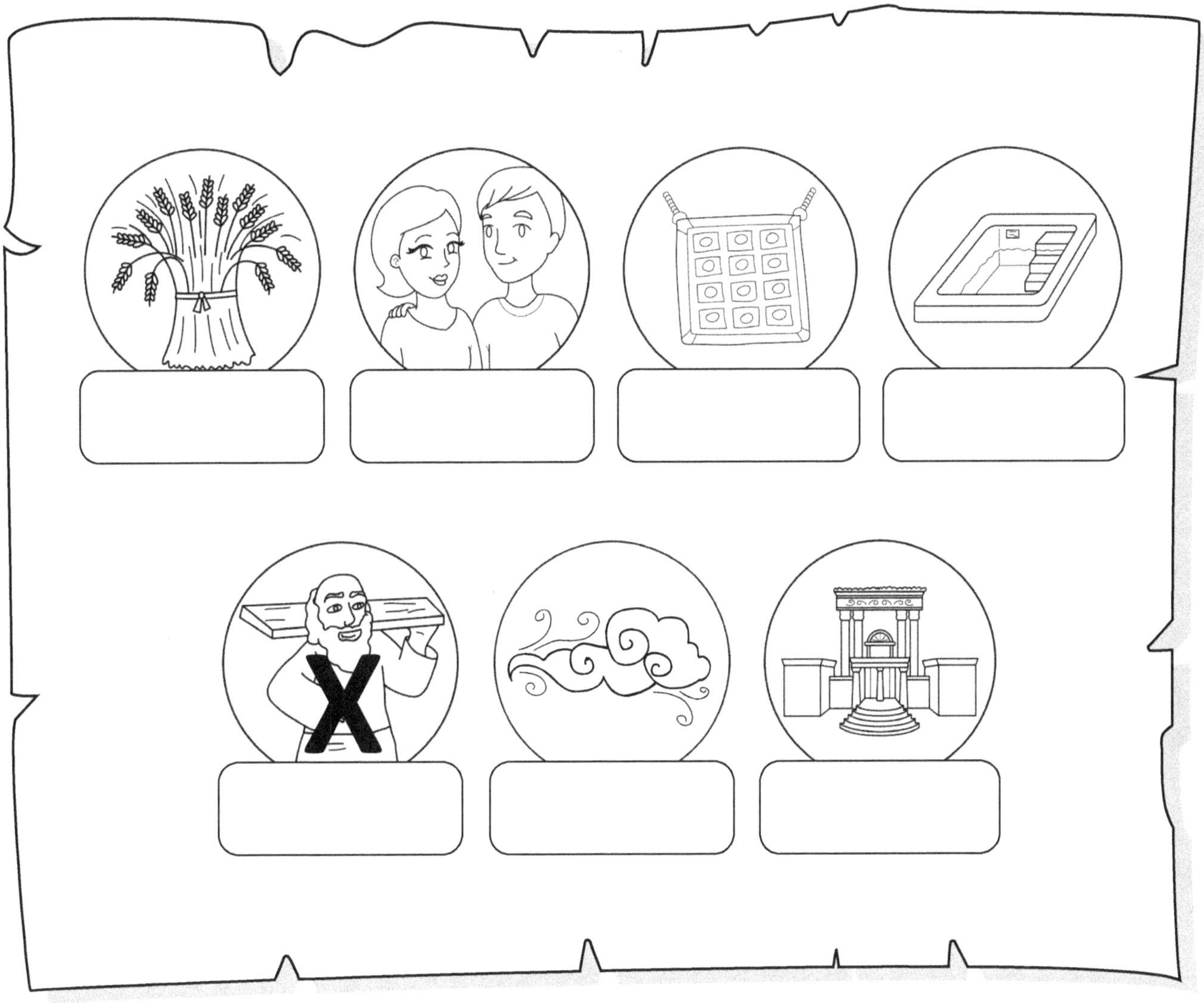

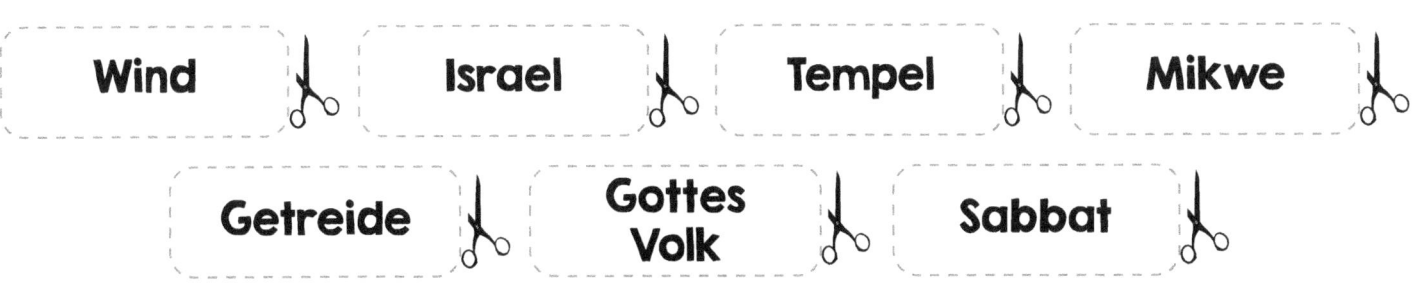

Ein Mobile zu den festgesetzten Zeiten basteln

Du brauchst:
1. Karton
2. Farbe, Filzstifte oder Buntstifte
3. Schnur
4. Schere (nur für Erwachsene)
5. Klebestift oder Klebeband
6. Holzstöcke

Anweisungen:

1. Bitten Sie Ihre Kinder, die kreisförmigen Bilder der festgesetzten Zeiten auf der nächsten Seite auszumalen.
2. Wenn Ihre Kinder mit dem Ausmalen fertig sind, schneiden Sie die Teile des Mobiles aus und kleben Sie sie auf schweren Karton. Warten Sie, bis der Kleber getrocknet ist.
3. Schneiden Sie die Mobile-Teile vorsichtig aus.
4. Machen Sie ein Loch an der Oberseite jedes Mobiles, fädeln Sie die Teile zusammen und befestigen Sie sie an einem Stück Holz.

ta-da!

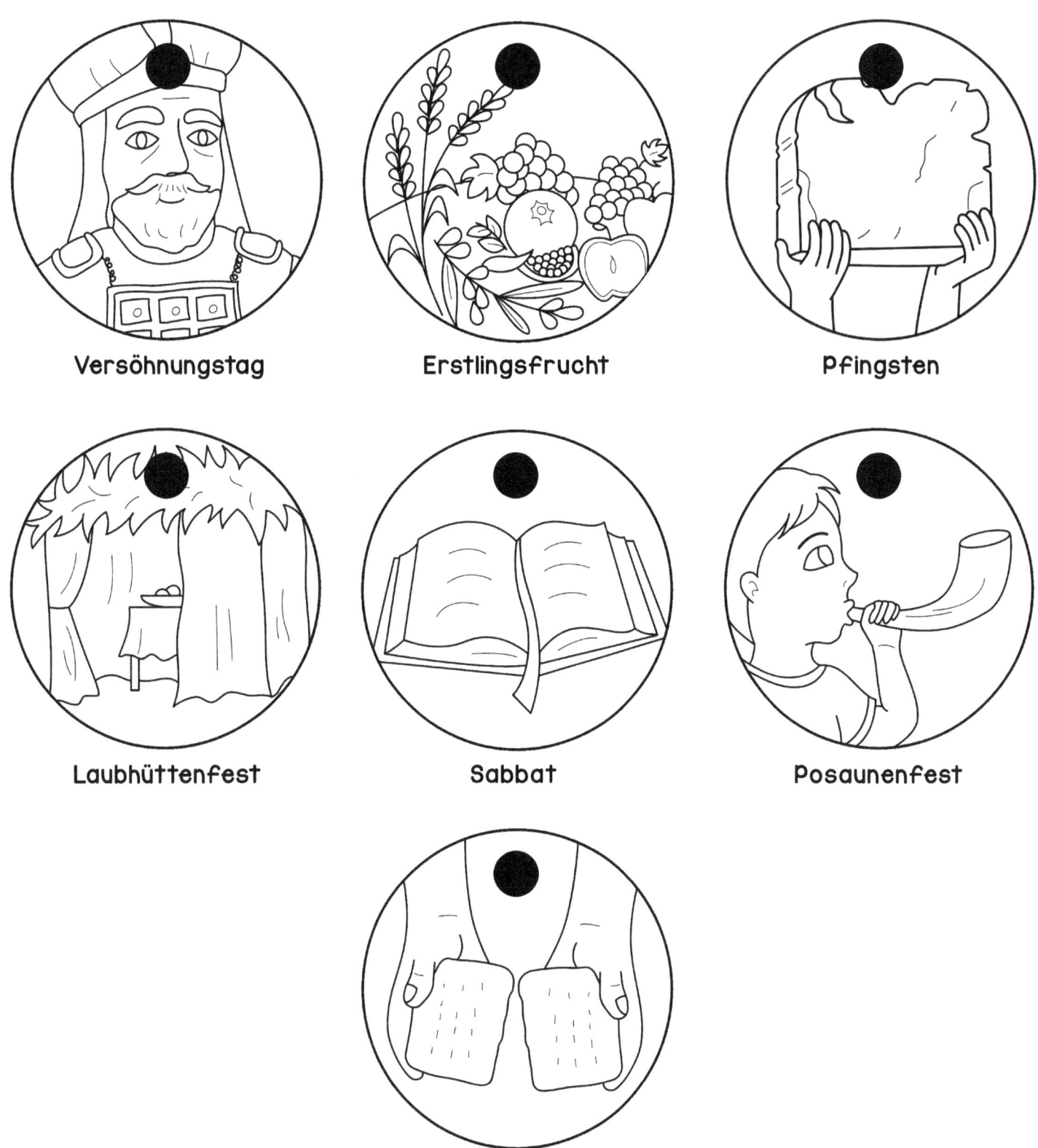

Lösungen

Pessach & das Fest der ungesäuerten Brote (Pesach & Chag HaMatzot)

Bibel-Quiz: Die zehn Plagen
1. Wasser verwandelt sich in Blut
2. Verwandlung von Wasser in Blut und Frösche
3. Hundsfliegen
4. Geschwüre
5. Finsternis
6. Tod aller Erstgeborenen
7. Zehn
8. Jah (der Herr)
9. Die Gebeine Josephs
10. Fest der ungesäuerten Brote

Bibel-Kreuzworträtsel: Pessach
Waagerecht:
3. Pharao
5. Jeschua
6. Blut
7. Mose
10. Ungesaeuerte Brote

Senkrecht:
1. Knochen
2. Sauerteig
4. Lamm
8. Schrift
9. Pessach

Arbeitsblatt zum Verständnis: Das Pessachmahl
Antwortvorschläge:
1. Jah konnte zeigen, wie machtlos die falschen Götter der Ägypter im Vergleich zu Ihm waren
2. Lamm, bittere Kräuter und Brot. Oder etwas anderes?

Bibel-Wortsuchrätsel: Das Fest der ungesäuerten Brote

Lückentext
Und dieser Tag soll euch zum Gedenken sein, und ihr sollt ihn feiern als ein Fest des Herrn bei euren künftigen Geschlechtern; als ewige Ordnung sollt ihr ihn feiern. Sieben Tage lang sollt ihr ungesäuertes Brot essen; darum sollt ihr am ersten Tag den Sauerteig aus euren Häusern hinwegtun. Denn wer gesäuertes Brot isst vom ersten Tag an bis zum siebten Tag, dessen Seele soll ausgerottet werden aus Israel! Und ihr sollt am ersten Tag eine heilige Versammlung halten, ebenso am siebten Tag eine heilige Versammlung. Keine Arbeit sollt ihr an diesen Tagen tun; nur was jeder zur Speise nötig hat, das allein darf von euch zubereitet werden. Und haltet das Fest der ungesäuerten Brote! Denn eben an diesem Tag habe ich eure Heerscharen aus dem Land Ägypten herausgeführt; darum sollt ihr diesen Tag als ewige Ordnung einhalten bei euren künftigen Geschlechtern. Am vierzehnten Tag des ersten Monats, am Abend, sollt ihr ungesäuertes Brot essen bis zum einundzwanzigsten Tag des Monats, am Abend.

Faktenblatt: Ungesäuerte Brote
Antwort auf Frage Nr. 2:
Sieben Tage lang sollt ihr ungesäuertes Brot essen; darum sollt ihr am ersten Tag den Sauerteig aus euren Häusern hinwegtun. Denn wer gesäuertes Brot isst vom ersten Tag an bis zum siebten Tag, dessen Seele soll ausgerottet werden aus Israel! Und ihr sollt am ersten Tag eine heilige Versammlung halten, ebenso am siebten Tag eine heilige Versammlung. Keine Arbeit sollt ihr an diesen Tagen tun; nur was jeder zur Speise nötig hat, das allein darf von euch zubereitet werden. Und haltet das Fest der ungesäuerten Brote! Denn eben an diesem Tag habe ich eure Heerscharen aus dem Land Ägypten herausgeführt; darum sollt ihr diesen Tag als ewige Ordnung einhalten bei euren künftigen Geschlechtern. Am vierzehnten Tag des ersten Monats, am Abend, sollt ihr ungesäuertes Brot essen bis zum einundzwanzigsten Tag des Monats, am Abend. Sieben Tage lang darf sich kein Sauerteig in euren Häusern finden. Denn wer gesäuertes Brot isst, dessen Seele soll ausgerottet werden aus der Gemeinde Israels, er sei ein Fremdling oder ein Einheimischer im Land.

Arbeitsblatt zum Ausmalen: Jeschua vor Pilatus
1. Jeschua blieb stumm
2. Die Frau des Pilatus schickte ihm eine Nachricht
3. Jeschua

Bibel-Quiz: Pessach & das Fest der ungesäuerten Brote
1. Das Fest der ungesäuerten Brote
2. Ungesäuertes Brot (Brot ohne Hefe)
3. Sieben Tage
4. Fest der ungesäuerten Brote
5. Durch alle Geschlechter/Generationen hindurch (für immer)
6. König Hiskia
7. Jerusalem
8. Troas
9. 5000
10. Zum Fest der Erstlingsfrucht

Bibel-Quiz: Tod am Pfahl
1. Pilatus, der römische Statthalter
2. Simon von Kyrene
3. Golgatha
4. Dies ist Jeschua (Jesus), der König der Juden
5. Mein Gott, mein Gott, warum hast du mich verlassen?
6. Zwei Verbrecher
7. Drei Stunden
8. Nikodemus
9. Einen Speer
10. Leinene Tücher

Arbeitsblatt zum Ausmalen: Kreuzigung
1. Der Vorhang im Tempel
2. Ein Erdbeben
3. Der Hauptmann und diejenigen, die Jeschua bewachten

Arbeitsblatt zum Verständnis: Der Tempel
Antwortvorschläge:
1. König Salomo
2. Im Tempel bildeten die Israeliten, die ein Lamm opfern wollten, Gruppen. Jede Gruppe schlachtete ein Pessach-Lamm für diese Gruppe von Menschen. Das Pessach-Lamm wurde, anders als die üblichen Tieropfer, von den Israeliten selbst geopfert

Wer hat es gesagt?
1 = Jeschua, 2 = Kajaphas, 3 = Petrus, 4 = Pilatus

Das Fest der Erstlingsfrucht (Bikkurim)
Lückentext
Und der Herr redete zu Mose und sprach: Rede zu den Kindern Israels und sage ihnen: Wenn ihr in das Land kommt, das ich euch geben werde, und seine Ernte einbringt, so sollt ihr die Erstlingsgarbe von eurer Ernte zum Priester bringen. Der soll die Garbe weben vor dem Herrn, zum Wohlgefallen für euch; am Tag nach dem Sabbat soll sie der Priester weben. Ihr sollt aber an dem Tag, an dem ihr eure Garbe webt, dem Herrn ein Brandopfer opfern von einem makellosen einjährigen Lamm.

Bibel-Kreuzworträtsel: Das Kreuz und das leere Grab
Waagerecht:
4. Kreuz
8. Erstlingsfrucht
9. Genezareth
10. Pilatus

Senkrecht:
1. Erbeben
2. Judas
3. Petrus
5. Vorhang
6. Golgatha
7. Engel

Arbeitsblatt zum Verständnis: Golgatha entdeckt?
Antwortvorschläge:
1. Schädelstätte
2. Die eigentliche Kreuzigungsstätte lag unter vielen Metern Erde, mit Löchern im Gestein, in denen die Kreuze aufgestellt waren, und Nischen in der Felswand dahinter, in denen Schilder angebracht waren. Neben dem mittleren Kreuzloch war ein Erdbebenriss.

Bibel-Quiz: Die Auferstehung
1. Ein Engel
2. Fest der Erstlingsfrucht, während der Woche der ungesäuerten Brote
3. Geld
4. Maria Magdalena
5. Ein leeres Grab
6. „Was sucht ihr den Lebenden bei den Toten? Er ist nicht hier, sondern er ist auferstanden."
7. Thomas
8. See Genezareth
9. 40 Tage (Apostelgeschichte 1,3)
10. So geht nun hin und macht zu Jüngern alle Völker

Bibel-Wortsuchrätsel: Die Auferstehung

Arbeitsblatt zum Ausmalen: Das Fest der Erstlingsfrucht
1. Ein Engel Gottes
2. Maria Magdalena
3. Den Jüngern

Knacke den Code: Die Auferstehung
„Er ist nicht hier, sondern er ist auferstanden! Denkt daran, wie er zu euch redete, als er noch in Galiläa war"

Fakten zu den Jüngern
Andreas = 6, Bartholomäus = 9, Jakobus, Sohn des Zebedäus = 5, Judas = 1, Johannes = 3, Judas Thaddäus = 8, Matthäus = 7, Petrus = 10, Philippus = 4, Thomas = 2

Arbeitsblatt zum Verständnis: Die Römer
Antwortvorschläge:
1. Die Römer benutzten die Kreuzigung als eine Möglichkeit, alle zu kontrollieren
2. Die Hebräer mussten Lebensmittel-, Straßen-, Kopf-, Religions-, Wasser-, Haus- und Verkaufssteuern sowie zusätzliche Steuern auf Dinge wie Fleisch und Salz zahlen

Quiz und Malvorlage: Der Bericht der Wache
1. Eine Gruppe von römischen Soldaten
2. Geld (sie bestachen sie)
3. Seine Jünger kamen bei Nacht und stahlen ihn, während wir schliefen

Bibel-Quiz: Die zwölf Jünger
1. Matthäus
2. Simon (Petrus) und Andreas
3. Petrus
4. Nach dem letzten Abendmahl in einem Obergemach in Jerusalem
5. Judas
6. Die Verklärung
7. Er wusch ihre Füße
8. Johannes
9. Geht und macht zu Jüngern alle Völker
10. Ein Füllen (Eselsfohlen)

Arbeitsblatt zum Verständnis: Wer war Pontius Pilatus?
Antwortvorschläge:
1. Pilatus wurde harsches Verhalten, Stolz, Gewalt, Habgier, das Abhalten von Hinrichtungen ohne Prozess und schreckliche Grausamkeit gegenüber dem hebräischen Volk vorgeworfen
2. Ein Kalksteinblock mit einer Inschrift, die besagt: „Pontius Pilatus, Präfekt von Judäa".

Pfingstfest (Schavuot)
Bibel-Quiz: Die Zehn Gebote
1. Mose und den Israeliten
2. Ehre deinen Vater und deine Mutter
3. Das sechste Gebot
4. Zwei Tafeln aus Stein
5. Gedenke des Sabbattages
6. Das neunte Gebot
7. Das achte Gebot
8. Das zweite Gebot
9. Am Berg Sinai
10. Du sollst nicht begehren deines Nächsten Hab und Gut

Quiz und Malvorlage: Berg Sinai
1. Den Sabbattag
2. Unsere Mutter und unseren Vater
3. Die Israeliten hatten Angst, dass sie sterben würden

Bibel-Quiz: Schavuot
1. Berg Sinai
2. Vierzig Tage und Nächte
3. Zwölf Stämme Israels
4. Ehre den Sabbattag und halte ihn heilig
5. Ehre deinen Vater und deine Mutter
6. Ein Brausen vom Himmel wie von einem gewaltigen Wind
7. Jeder hörte die Jünger in seiner eigenen Sprache zu ihnen sprechen
8. Petrus
9. Etwa dreitausend Menschen
10. Zehn

Lückentext
Und als der Tag der Pfingsten sich erfüllte, waren sie alle einmütig beisammen. Und es entstand plötzlich vom Himmel her ein Brausen wie von einem daherfahrenden gewaltigen Wind und erfüllte das ganze Haus, in dem sie saßen. Und es erschienen ihnen Zungen wie von Feuer, die sich zerteilten und sich auf jeden von ihnen setzten. Und sie wurden alle vom Heiligen Geist erfüllt und fingen an, in anderen Sprachen zu reden, wie der Geist es ihnen auszusprechen gab. Es wohnten aber in Jerusalem Juden, gottesfürchtige Männer aus allen Heidenvölkern unter dem Himmel. Als nun dieses Getöse entstand, kam die Menge zusammen und wurde bestürzt; denn jeder hörte sie in seiner eigenen Sprache reden. Sie entsetzten sich aber alle, verwunderten sich und sprachen zueinander: Siehe, sind diese, die da reden, nicht alle Galiläer? Wieso hören wir sie dann jeder in unserer eigenen Sprache, in der wir geboren wurden? Parther und Meder und Elamiter und wir Bewohner von Mesopotamien, Judäa und Kappadocien, Pontus und Asia; Phrygien und Pamphylien, Ägypten und von den Gegenden Libyens bei Kyrene, und die hier weilenden Römer, Juden und Proselyten, Kreter und Araber – wir hören sie in unseren Sprachen die großen Taten Gottes verkünden!

Bibel-Kreuzworträtsel: Schavuot
Waagerecht:
3. Petrus
5. Parthien
8. Heidenvoelkern
9. Galilaeer
10. Gottes

Senkrecht:
1. Jerusalem
2. Sprache
4. Heiliger Geist
6. Wind
7. Feuer

Karten-Aktivität: Zwölf Stämme Israels

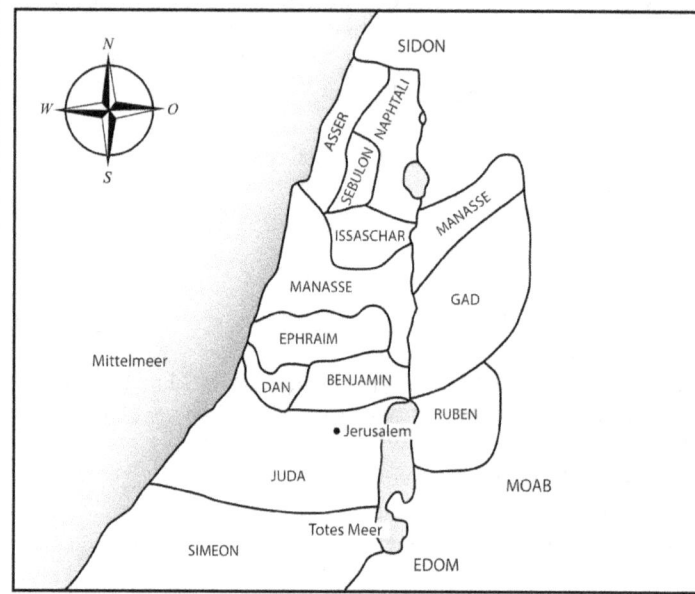

Arbeitsblatt zum Ausmalen: Petrus
1. Zu Männern aus Judäa und Jerusalem
2. Jeschua
3. Tut Buße und lasst euch taufen auf den Namen Jeschuas

Bibel-Wortsuche: Schavuot

Bibel-Worträtsel: Wie viele Menschen wurden getauft?
Diejenigen, die nun bereitwillig sein Wort annahmen, ließen sich taufen, und es wurden an jenem Tag etwa dreitausend Seelen hinzugetan.

Weitere Übungsbücher entdecken!

Zu erwerben unter www.biblepathwayadventures.com

SOFORT DOWNLOADS!

Frucht des Geistes – Übungsbuch
Die Reisen des Paulus – Übungsbuch
100 Bibel Quizfragen – Übungsbuch
Die Herbstfeste – Übungsbuch
Bereschit / 1. Mose
Schemot / 2. Mose
Wajikra / 3. Mose
Bemidbar / 4. Mose

www.ingramcontent.com/pod-product-compliance
Lightning Source LLC
Chambersburg PA
CBHW081310070526
44578CB00006B/822